フランソワ・ビゼ

文楽の日本

人形の身体と叫び

秋山伸子訳

JN169062

みすず書房

TÔZAI!...

Corps et cris des marionnettes d'Ôsaka

by

François Bizet

First published by Les Belles Lettres, Paris, 2013

目次

文楽の日本　人形の身体と叫び

藤田和之に

そこにいるのは誰だ？

ウィリアム・シェイクスピア『ハムレット』（第一幕第一場）

碑文に代えて、まずは簡潔に

舞台を占め魅惑的な舞台を生み出すに先立ち、文楽の演者が所狭しと整列している。役割ごとに三つのグループ（人形遣い、三味線、太夫）に分類されて。どの顔も真剣そのもので、すぐに身体にかかってくるはずの緊張を既にみなぎらせている。全員が一体となっているが、それは均一な身体ではない。プログラムでは、等間隔に配置された演者の写真は、それぞれ均等なスペースを与えられている。四角くて小さい写真の脇にはまるで碑文のように簡潔な説明文（演者の名前）が添えられている。吉田、桐竹という人形遣いの名前は創始者に由来するもので、人形遣いの業《わざ》は一八世紀初頭に目覚ましい発展を見たのである。三味線の部に見えるのは野澤、竹澤、鶴澤といった名前だが、初代鶴澤清七《つるざわせいしち》〔一七四八―一八二六年〕は、一二歳にして、三味線の左手の四八の手の位置の記譜法を発明したという。同じく三味線の部には豊澤の名前も見えるが、二代目豊澤団平《とよざわだんぺい》〔一八二八―九八年〕は明治時代に活躍し、三味線に新しい息吹をもたらした。竹本義《たけもとぎ》太夫《だゆう》〔一六五一―一七一四年〕、豊竹若太夫《とよたけわかたゆう》〔一六八一―一七六四年〕、この二人こそが、竹本座、豊竹座の創始者であり、まったく新しい朗誦法を定着させる原動力となった。竹本義太夫は義太夫節を編み出し、豊竹若太夫は、これに対抗する一座の創設者として、義太夫節の燃え盛る炎を掻き立てたのである。

まったく奇妙な組織図だ。文楽は、三つの幹を擁し、複数の頭を持っているのだから。これから文楽を見ようとする客は、国立劇場のプログラムを手にしてページをめくっていくうち、戸惑いを感じる。ここで私が見つめているのは誰なのか？　演者たちの写真はまるで証明写真という趣で、奇妙な効果を醸し出す。ページ上方に掲げられた写真が他のものより大きくて、そこに階級差が示されているが、それもそのはず、彼らは「人間国宝」として特別扱いなのだ。それはともかく、こうした印象も消し去ってしまうほどのものがある。それは、どの人物も一様に正面を向き、同じようなポーズをとっているということだ。劇場のポスター用の顔写真とは程遠く、多くの人間の顔が等しく並んでいる、まるで石碑のように。そしてそこには、綿々と続く系図が見えるのはもちろん、個人のアイデンティティーが浮遊する様までもが読み取れる。（一例を挙げるなら、宮永豊実《みやながとよみ》は吉田簑太郎《よしだみのたろう》として活躍した後、父親の名跡を継ぎ三代目桐竹勘十郎《きりたけかんじゅうろう》〔一九五三年生まれ〕となった）。プログラムの顔写真は、まっすぐにこちらの目を見つめ、声を合わせてこう語りかけてくるかのようだ。「あなたは私たちのことをこれ以外の方法で知ることはないでしょう。私たちはここでライトを浴びています。簡素なこの姿以上のものをあなたが見ることはないでしょう。白黒のこの写真に既に表れているように、私たちは意識の内奥へと後退していくのです。舞台人として振り返ることにこうして同意してはいますが、私たちからは石のように固まったこの表情以上のものは求めないでください」。これらの写真には理想化の効果はまったく見られず、ただそこには皮肉で頑なでかしこまった表情があるのみだ。演者たちは、偶像として提示されもせず、その表情が神話化されるわけでもない。そこには頭しかないのだ。そしてその頭の下には、あなた同様に、足がある。

かつて演者の姿を見られるのは舞台上に限られていて、演者の名前だけが、芝居を予告するポスターに書かれていた。筆書きの文字がびっしりと縦に並び、看板役者の名前がひときわ大きく書かれた文字列がいくつも続いてポスターにリズム感をもたらしていた。今日なお、ご贔屓さんが演者に声をかける。歌舞伎なら「成田屋」、文楽なら「千歳大夫」という具合に。これらの名前が絶妙のタイミングで客席から飛んできて、短くてよく響く言葉「待ってました」「たっぷり」といった言葉が一緒についてくることが多い。これらのかけ声が上演の妨げとなることはない。そこが、切れ目のない拍手と違うところだ。これらのかけ声は、二つの世界の間に一種の契約を取り交わす。鶴澤燕二郎《つるざわえんじろう》は言う。「とにかく、師匠が大きくした名前を辱めないように、自分なりに頑張るしかないですね」。これは、数年前に他界した師匠の名、鶴澤燕三《えんざ》を燕二郎が襲名した折の発言である。こうして燕二郎は六代目鶴澤燕三〔一九五九年生まれ〕となったのだが、〔二〇〇六年四月の〕襲名披露公演では五代目燕三〔一九一四―二〇〇一年〕が得意とした演目が演奏されて、襲名披露が厳かに執り行われた。六代目燕三は言う。「第二の師匠、〔七代目〕竹本住大夫《たけもとすみたゆう》〔一九二四年生まれ〕さんからは次のことを教えられました。気をゆるめることなく、常に精進するべきなのです。でなければ、燕三という名前は何も意味しませんから。燕三という名前に意味を持たせるには、この名前を自分のものにするために捨て身で臨まなければなりませんし、この名前は励みとしてのみ意味があるのです」。

いったいどちらなのだろう？　観客は演者の名前を見に来るのか、身体を見に来るのか。

演者として一人前になるための修業は厳しく、社交的虚栄にはほとんど縁のない世界だ。それに、演者は語る、事後的な話として。ただしそこには恨み節は聞こえてこないのだが、演者は、この修業を不可欠の試練として語るのだ。こうした証言は枚挙にいとまがなく（偉大な師匠たちの証言さえ稀ではない）、皆一様にこう言う。芸の姿が垣間見えるのは、長い年月をかけたその先のことであって、それは自己を否定することではなく、自己を消すことなのだ、と。「お客さんは、ある俳優を見たいと思ってチケットを買うわけではありません。ある俳優の仕事を見るためにやって来るのです」。これはミシェル・ブーケ〔フランスの俳優、一九二五年生まれ〕の言葉だが、文楽について語るのに、これほどぴったりの表現もないだろう。文楽は禁欲の舞台であり、一つの芸名の中に一旦凝縮されたものが、世代から世代へ、一つの身体から別の身体へと受け継がれていく。

間違いなく、この「芸名」こそが（西洋においては隠れ蓑や自己の再創造の役割を果たすのとは違い）、舞台と客席を取り結び、三百年以上もの歴史を持つ古の伝統を永続させていくのだ。だが、名匠の名を襲名することには（演者をある系譜に組み入れるための）通過儀礼以上の意味がある。それは、それぞれの演者が、舞台上で、他の演者と共に、芸術の誕生を再び生き、そしてその度に、芸術の誕生を再び演じることへと繋がっていくものでもあるのだ。

島の住人たち

「日本や中国、あるいはバリ島の年代記から教えられたこと、そして、そのために美化された考えがしつこく頭の中に残ったせいかもしれないが、西洋演劇のやり方は私にはあまりに粗野なものに思える。こんな芸術を夢見ずにはいられない。様々な象徴が深いところで絡み合うような芸術。そこでは、それぞれの象徴が動き回り、観客に語りかける言葉は、口から発されるのではなく、すべてが予感されるものとなる。だが、そんな芸術を夢見る詩人の試みは、俳優や演劇人の高慢な愚かさに阻まれるだろう。彼らのくだらなさときたら、静まることも稀にあるものの、そんなときでも、無教養や愚かさが発揮されるのがいいところ。俳優や演劇人という仕事ほど、深刻さを欠き、内省と無縁のものもない。その出発点、存在理由、それは露出趣味なのだから。」

〔ジャン・ジュネ「ジャン＝ジャック・ポーヴェールへの手紙」〕

これはジャン・ジュネ〔フランスの小説家、劇作家、詩人、一九一〇―八六年〕による毒舌だが、これが刊行される二世紀半前に近松門左衛門《ちかまつもんざえもん》（一六五三―一七二四年）は、歌舞伎役者に同じような嫌悪感を抱いていたのだろうか。当時の歌舞伎役者の中には、台本を軽視する者もいたのだ。それゆえ、近松は、京の都、都万太夫《みやこまんだゆう》の一座を突然去り、地方（大坂）の人形浄瑠璃芝居一座（竹本座）の一員となったのだろうか。

近松が既に用いていた「人形」という言葉は、今日の日本語で用いられているものと同じで、漢字で書くと、「人」と「形」で構成される。竹本義太夫が一六八四年に創設した竹本座（それはスター主義とは無縁の一座であった）に近松門左衛門が加わって以来、近松が「人形」と呼んだもの、それは、糊づけした布地が空ろな身体の上に積み重ねられた包みのようなもので、この身体からは、堅固な手足が伸びている。かしら、右手、左手、そして、男性の人形の場合に限り、二本の足。

この人形を操る糸もなければ、張り出し部分があるわけでもない。人形の胴体は鞘《さや》のようになっていて、その中に、人形遣いの左腕はすっかり隠れてしまう。切断されたのか、接ぎ木されたのかと思うほどに。まるでシャム双生児だ。空洞の中にあるもの、それは、いくつかの木片、詰め物、紐、竹。

かしらもまた胴体と同じく空洞だ。檜《ひのき》の内側をくり抜き、削ったもので、大きさはまちまちで、どっしりとした赤ら顔もあれば、もっと小さくて青白い顔もある。小さな顔は、劇場の後ろの席からだと、光で照らされた長方形の舞台上をまるで豆粒が動いているように見える。絹や色とりどりの贅沢な布地を留めているピンの頭のようだ。

舞台は横長でそれほどの高さも奥行きも持たない。この横断面は、江戸時代の大坂のままだ。この横断面に屋根をつけたら、まるで寺院のようだ。舞台は、高さや奥行きの誘惑とは無縁で、動きを止めた地層が重ねられ、わずかな段差がつけられている。その佇まいは、京都市にほど近い平等院の池の平らかな水面に映る寺院の姿を思わせる。

中国より伝来した寄木造りは、まさに複数の木片を寄せ合わせることで一つの形を造り出すことを可能とする技術だが、一一世紀初頭にこの技術を完成の域に高めたのが仏師定朝《じょうちょう》〔一〇五七年没〕であり、平等院鳳凰堂《びょうどういんほうおうどう》阿弥陀如来像《あみだにょらいぞう》もまた彼の手になるものだ。平等院鳳凰堂の南と北の壁には、定朝の工房の職人たちの共同制作による五二軀の供養菩薩群像が並んでいるが、かつては金色に輝き極彩色を誇ったこれらの像も、今日では原木の色がのぞき、古色蒼然としている。菩薩群像の一つ一つが、内省的な優美さを湛えた面持ちで座っているが、立ち姿のものもある。祈るものや踊るものの姿もわずかに混じっていて、様々な楽器を演奏しているものもある。だがどの菩薩も一様に雲に乗り、繊細な手つきで渦巻装飾を重ねた雲の両端は切れてたなびき、物思いにふける波のごとくたゆたっている。

武士や商人の足は文楽では決して地面を踏みしめることはないが、だからこそ、まるで本当に歩いているかのようだ。男たちは世界を股にかけてあらゆる方向に歩き回り、どんな障害も踏み越える。これに対し女たちは、足を奪われ、漂う。ゆっくりと滑っていくような女たちの動きは、下手《しもて》から上手《かみて》まで極度に引き延ばされただだっ広い舞台空間をやんわりと際立たせる。そうなると舞台は逃げ場のない回廊のようなもので、行動の自由はほとんど望めない。仕切りが溝の上を滑り、芝居が終わると、巨大な定式幕が、舞台前面を早足で駆ける演者によって閉じられる。

西洋演劇によって発展を見た遠近法の法則に従って視野に奥行きを持たせること、それは文楽の舞台が目指すものではない。文楽の舞台は、狭い空間として立ち現れる。極度に狭められたその空間は、いくつもの連続する平面に切り分けられるが、この造りの歴史は古く、早くも一六八五年に井原西鶴《いはらさいかく》〔一六四二―九三年〕による『西鶴諸国ばなし』の挿絵版画にも見える。こうした版画を見ると、二つ（ときには三つ）の演技空間がはっきり区分されているさまが分かる。こうなると、全方位的把握は不可能となる。対角線は脇に追いやられ、二方向的流れが優先される。というのも文楽の舞台では、二つの演技空間が重ね合わされているためだ。一つは「舟底」で、舞台前面の、一段低く、囲われた空間。そして舞台後方の空間はわずかに高くなっていて、そこがたいていは家の中とか店の中を表す（「屋体《やたい》」である）。これら二つの空間の狭間で人形遣いがなされるのである。舞台の端から端まで、〔竹本座と豊竹座の〕紋の入った黒い小幕と小幕の間を出たり入ったり、そして上下移動は、中央に掛けられた通路、「手摺《てすり》」によって可能となる。

ただし、文楽が幾何学的空間に無関心だと言っているのではない。どこまでも続くように見える視点を称揚するよりむしろ文楽は、閉じた空間という印象を保つことを選ぶ。文楽の舞台に配置された平面は、一つまた一つとひっそり消えていき、また同じ慎み深さで戻って来る。『ひらかな盛衰記』（一七三九年）を例にとると、いくつかの段においては、舞台が始めはある家の表面で完全にふさがれていて、登場人物が「舟底」に追いやられているという場面が珍しくない。演技空間は徐々に後ろに広がっていく。というよりむしろ、後ろの舞台空間が露わになるといったほうが正確かもしれない。たとえば、引き戸を開け放つことで、まるでひと皮めくれていくような効果が得られるのだ。ただし、引き戸が開いて見せてくれる家の中には奥行きがなく、次の間としての存在価値しか持たず、その奥の壁を見せてくれることもあれば、別の扉がじきに開いて別の部屋を見せてくれることもある（場合によっては、この部屋の奥もまた開いて、もう一つ別の部屋を見せてくれることもある）。両開きのドアならば、空間に奥行きを持たせ、手ごたえのある質感を加えてくれることだろう。だが両横に滑っていく仕切りは、厚みの感覚を（抹消するわけではないが）中和し、平面的額縁のうちに、人物を登場（退場）させる。ある人物が私たちの前に進んで来る、たとえば、壮麗な甲冑を身に付けた武士がやって来るとしよう、あるいは立ち去り、両側から仕切りを閉められて飲み込まれてしまうとしよう。いずれにせよ、ある平面から別の平面へと移動する人物の動きは、ほとんどいつも観客と向き合ったままで行われる。人物は平面化され、薄っぺらな絵のようなものになる。このような表層の連続からなる文楽の舞台は、無限の奥行きを見せるというよりむしろ、空間自体が変化して、どこまでも姿を変えていく空間であり、その自律性が遠近法の消失点に惑わされることはない。

観客の目の前で舞台装置の転換が行われるのは、絵になる場面を演出するためばかりではない。それは極上の瞬間であり、目を驚かせる出来事ともなり得る。私たちの目に存在感あるものとして映っていたもの（桜の木、生垣、丘、青い空）が、平面的な絵に突然戻ってしまうのだ。目の前の風景は解体されて互いに引き離され、消え去って、たとえば『鬼一法眼三略巻《きいちほうげんさんりゃくのまき》』（一七三一年）三段目切場では、〔菊畑が消えて〕それまで後ろに待機していて陰に隠れていた奥庭が前面に出る。そこには、決定的な対立を予告する少しぎこちない姿勢で立っている鬼一法眼の姿が見える。深紅の面に手をかけて、今しもこれを脱ぎ捨てようとしているところだ。

文楽において仮面が登場することは珍しいが、文楽の人形が必ずと言ってよいほどやることがある。ドラマが最高潮に達すると、何層にもなっている衣服を狂ったように脱ぎ捨て、取り払っていくのだ。羽織、帯、着物、襦袢と脱いでいき、稀ではあるが、その下にあるものまで見せることすらある。と言っても、そこに肌があろうはずもなく、竜や鬼の刺青を見せるのである。

紫式部『源氏物語』に着想を得た無数の絵はどれも、不等角投影図法によって描かれている。一一世紀以来描かれてきた絵巻や屏風を強く支配している構図の建築学的平行線は交わらない。これらの絵の空間は斜めにえぐられ、巻物を広げたように、あるいは折りたたんだものを広げたように展開された表面の端から端まで、屋根の棟や畳の縁、また、棟と棟を繋ぐ廊下が縞模様を描き出しているかのようだ。その網の目においては人の行いもまた分散し、遠近法とは無縁に描かれる。描かれた場面の上方には金雲がかかり、薄く水平な帯となって横に広がっている。金雲の帯はときにはきわめて様式化されまっすぐな場合さえあり、あるエピソード、ある動作を雲の切れ間に浮かびあがらせて、ある一つの細部を縁取るようにして、その細部を切り取ると同時に連接する。豊かで不透明なこの雲がすっかり晴れることはない。この雲と同じようなものが、文楽の舞台に独特の厚みを与えているのだろうか。文楽の厚みは、外からの呼びかけには耳も貸さず、内側のヴェールをいつまでも取り払い続けているということなのか。

奥とは「物事の内部深くにある場所」、秘密の深淵であり、引きこもるための場所である。奥という概念について考察した建築家槇文彦にならって、オギュスタン・ベルクは〔『空間の日本文化』（一九八二年）において」、まさにこの奥という概念に日本的空間性の基本要素を見る。「奥という言葉は、実際に奥行きを表す場合もあれば、想像上の奥行きを指す、つまり、水平的なものに転じられる場合もある」。「奥」という概念は、日本社会に蔓延する「包む」慣習と関連づけることができる（衣服の着方、包装や表現の仕方における「包む」慣習）。奥という概念は、都市や家の広がりを折り畳んで、自分にちょうどいいサイズにして、組織的なリズムと動きを与えるが、そのやり方は、ヨーロッパのやり方とはずいぶん異なる。記念建造物を目印にしたり、根本的に積分的な直線に基づいたりして空間を組織するのがヨーロッパのやり方であるのに対し、奥という概念は、敷居の連続、隔室の連なり、物置や寝室、そして別の空間をいくつも含む空間となって広がるのだ。

「空間は小室《しょうしつ》の集まりである。」

「ここでは、ただ一つの目印となるのは、ある部屋がこれに直接先立つ部屋とこれに直接続く部屋との間でどのような位相にあるかということである。全体の構図はさほど問題ではない。重視されるのはただ一つ、進行である。ちょうど地下鉄の路線図において大切なのは駅と駅がどのように繋がっているかであって、各駅の測地学的位置は問題にならないのと同じように。位相空間を支配する原則は、遠近法的眺望ではなく、（……）これとは対極にある、視覚を遮る装置なのである。（……）視覚を遮る装置によって、進行の諸段階に区切りをつけることができるのだ。段階的に、曲がり角や湾曲部が新たな眺望を開いていく。視線はすべてを同時に見るのではなく、段階的に見ることを求められる。そのため、内面に分け入っていくという印象が強められるのだ。そのとき視線の主は全体の秩序からまったく自由になって、外部から完全に切り離される。そこで働くのは、内面から発する位相であり、それ独自の、何物にも還元不可能な論理に従って展開されるのである」。これは江戸城についてのオギュスタン・ベルクの言である〔『空間の日本文化』〕。

ところが、今日、『妹背山婦女庭訓《いもせやまおんなていきん》』（一七七一年）の最も味わい深い段〔三段目、山の段〕を観ていて、この第一印象が大きく揺さぶられた。作り物の川〔吉野川〕が私たちの方に向かってまっすぐ流れている。この川によって、舞台は中央で二つの対称的空間に分かたれる。川床は遠くにいくほど細くなっていき、舞台奥に描かれた谷の春緑に溶け込んでいく。つまり、この場合の「遠くに」という印象は、遠近法の手法によって生み出されているのだ。（文楽の舞台は、実際の吉野川とはかなり違うと、谷崎潤一郎〔一八八六―一九六五年〕は『吉野葛』〔一九三一年〕で語り手に言わせている。「まだこの辺の川幅は、芝居で見るよりも余裕があって、あれほど迫った渓流ではない」〔『吉野葛・蘆刈』岩波文庫、一九五〇年、一九八六年改版、二四―二五頁〕）。背景は何か積極的な役割を果たすことはなく、目の前の場面を見守る平らかな背景で、人の姿も見えない。ただし、それぞれの空間の連続性を保つ努力はなされていて、こうして、視界の中に一本の直線状の川が入って来るのだ。この川は、劇作法上からは、まさに分断する裂け目そのものだ。久我《こが》之助《のすけ》と雛鳥《ひなどり》は相思相愛の仲だが、昔から反目し合っている家の生まれだ。二人ともまるで牢獄に暮らしているような思いで、川に隔てられた両岸に離れ離れとなって生きることを強いられてなお、愛し合っている。それではまだ充分ではないとでもいうのか、蘇我入鹿が両家の親に圧力をかける。というのも、帝に対する忠誠心を捨てていないのではないかと疑っているためである。雛鳥を側室に、久我之助を家臣として差し出せと無理難題をふっかける。久我之助については、家臣としておいてからゆっくりとなぶり殺そうとの魂胆だ。雛鳥と久我之助は自害するしかない。そうなると、正面を向き、こちらを威嚇するようにそこにある川は、無情で後戻りを許さない宿命を意味するものとなる。

だが、視覚装置は、見かけほど単純ではない。若い恋人たちが厳しい監視の目を潜り抜けようと試みるところでは、面白いことに吉野川は、まるで仲介者のような機能を果たすのだ。雛鳥が川に流した恋文は、川床を通って愛する男の手元に届く。岩の上で待ち受けていた久我之助がこの恋文を拾いあげるのだ。目を慣らさなければ。空間の論理に従うなら、手紙は川下へと流れていくはずだが、ここでの見え方では、手紙は舞台を横切るように流れていくのだ。〔両岸を隔てる〕境界線が〔両岸を繋ぐ〕橋の役割を果たすのである。その後、山場にさしかかり、最悪の事態を免れるために考案し暗号化したメッセージとして、桜の木の枝を親たちがそれぞれ一本ずつ川に放つ際には、それぞれの枝は同じ川を別方向に流れていき、交差する。また目を慣らさなければ。

つまり、この川には上流も下流もないということか。そこにあるのは記号（愛の記号、迫害者への抵抗の記号）なのだ。これらの記号は、他の記号の力に屈することのない記号であり、運命のどのような仕打ちにも抗う記号なのだ。遠近法的効果が最初のうちはあんなにも目立って見えたのに、それが消えた、いや、これ見よがしに取り消されたのだ。三度目のやり取りがあって、この段を締めくくる。最悪の事態が起こった後のことだ。雛鳥の母親定高《さだか》は琴を流す。琴の上には、娘の頭と雛道具が置かれていて、さながら婚礼の列のようだ。だが、向こう岸には、既に腹を切り、首を落とされた久我之助の身体が横たわっている。「あなたの岸より。彼岸《かのきし》に流るゝ。血汐《ちしお》」。

〔祐田善雄校注『日本古典文学大系九九　文楽浄瑠璃集』岩波書店、一九六五年、二七五頁〕

身体なきこれらのかしらは、自分たちがどこから来たか知っているのだろうか。文楽の人形の祖先とも言うべき傀儡《くぐつ》について私たちは何を知っているだろう。おそらく大陸からやって来たと思われる傀儡は、何世紀もの間大陸を旅したのだろう。人や動物の背中に乗って、何千キロもの距離を踏破したのだろう。ギリシャ、アルタイ地方のトルコ語圏、インド、中国、韓国を越え、川や海を渡り、嵐に翻弄されて、ここに流れ着いたのだろうか、この島に。この島は、江戸幕府によって間もなく（ほぼ）すべてのものから切り離される運命にあった。

もっと後になってからは、遠近法の様々な可能性を試してみることに文楽はやぶさかではないことが他にもいろいろ分かってきた。ただ、遠近法をめぐる遊びは、舞台の二分割による制約を常に受けていることに変わりはない。

近松の『鑓《やり》の権三《ごんざ》重帷子《かさねかたびら》』（一七一七年）は馬の競走で始まる。棒の上につけられた小さな馬が二頭、素描された沿岸を背景として浮きあがる。最初は舞台の一番奥まったところに見えた馬は、腹を地につけるようにして、だが遠く離れているという効果を出すためにゆっくりと、左から右へ、続いて右から左へ移動する。どうやらそこは海辺らしい。二頭の馬は、二人の黒衣によって操られている（背景の後ろに、時折彼らの頭巾の先がのぞく）。この空間における馬の動きを充分見せておいてから、馬に乗った人形が舞台前面下手に登場して、やはり行ったり来たりを繰り返す。この手法は「遠見《とおみ》」と呼ばれるものだ。歌舞伎においてこの手法が用いられる場合には、子供を登場させて、遠景の幻想を作り出す。

『一谷嫩軍記《いちのたにふたばぐんき》』（一七五一年）においては、人形が二段構えで登場する。最初は、小さな人形が、武士が遠景の丘で戦う様子を見せる。熊谷《くまがい》によって馬から引きずり落とされた敦盛《あつもり》は、大きな音をたてて「舟底」へと転落する。ところがびっくり仰天（私だけでなく、観客は皆驚いていたが）、さっきまでとは別の人形（一メートル四〇センチ、一三キロ）が、三人の人形遣いに囲まれて、ぬっと顔を出すではないか。敦盛は立ちあがり、埃を払っている。落馬したことで舞台前面に押し出されたのだが、人形が急に大きくなって目の前に迫ってきたようにも見える。

一七三四年以来、どの人形も三人の人形遣いに操られるようになった。人形遣いたちは演技をしているというよりむしろ人形の周囲で踊っているように見える。主遣《おもづか》いが人形のかしらと右手を担当し、頭巾もかぶらず素顔を見せたまま、舞台上を動く。左遣い（不吉な左手？）と足遣いは顔を隠し、頭巾をかぶり黒手袋をはめて、私にはまるで受刑者、でなければ死刑執行人のように見えてしまう。

登場する順番ではなく、役割の重要性に従って言うと、主遣いがチーフで、人形の動きを統御し、人形遣いの頭とも言うべき存在だ。左遣いは左手の動きを司り、足遣いが足の動きを担当する。

主遣いになるには、これより地味な遣い手の地位での修業が求められる。足遣いを一〇年（場合によっては一五年）、さらに一〇年を左遣いとして務め、自分を消し、つつましやかに、主遣いの卓越した技量に道を譲らなければならない。ことは、個人的な栄達とか昇進にとどまらない。人形（たとえば『ひらかな盛衰記』の遊女梅ケ枝《うめがえ》）に大きく首をよじらせるとしよう。人形の背中を客席に向け、首を大きく後ろにそらせて顔を見せるとき、いかに身体をかわすかが、主遣いの腕の見せ所なのだ。そこには一センチの狂いも許されない。他の二人の人形遣いが、主遣いの動きに合わせ、人形の動きに合わせて筋肉を調節することができるようにしなければならない。

主遣いは、何もかも心得た上で自分を消すのだ。

弦楽三重奏を思い描いてみるといい。あえて言うなら、チェロ奏者がヴァイオリンやヴィオラのパートもこなすことができる、そんなイメージだ。

動くのは人形の仕事だ。揺れ動くのは人形だけなのだ。主遣いはまるでそこにいないかのように、常に抑制された動きで、人形の動きにはほとんど関知していないかのように見える。けれど、主遣いがいなければ人形はそもそも動かないのだ。主遣いはそこにいるが、積極的な関与をしない。主遣いの動作の大半、左手で三つの止め金を動かして、目、口、眉に繋がる糸を操るその動きは、観客の目からは隠され、そこに何かを差し挟む余地はない。純粋に機械的な動きだからだ。だが、突然舞台の動きが激しくなり、主遣いの両肩がほんの少し上がり、または思わず頭が揺れるとき、緊張が走る中、闘争、ダンス、欲望のリズムにも似たものが感じ取れるのは何という喜びか。

元禄時代から綿密に繰り返されているこの仕草を観るために、なぜ私は四季折々劇場に戻って来るのだろう。他の人たちが紅葉狩りに出かけたり、桜や菖蒲を愛でに出かけたりするのと同じ感覚で。

昨日、幕間休憩のとき、三味線を習っている友人安藤さんがこんなことを教えてくれた。「文楽が文楽と呼ばれるようになったのは一八七二年のことで、文楽座が創設された年に遡る。そのおよそ百年前にその頃歌舞伎のせいで文楽が陥っていた衰退から大坂の劇場を救い出した功労者植村文楽軒の功績をこうして讃えようとしたわけさ。一八世紀後半には、近松門左衛門とその後継者たちの人気作品の大半が歌舞伎に翻案されて文楽の観客を奪っていた。つまり、一七世紀以来人形浄瑠璃と呼ばれていたこのジャンルが危機に陥っていたので、これを何とかする必要があったわけ」。

安藤さんの言葉は続く。「この浄瑠璃という言葉だけど、歌うような響きがあるでしょ。そもそも浄瑠璃は、架空のお姫さまの名前だったんだ。浄瑠璃と牛若丸の恋が、いや、牛若丸じゃなくて、義経のほうがピンとくるかな、『平家物語』の英雄義経と浄瑠璃姫の恋が、一四七五年に文学的萌芽のような作品として生まれたのが『浄瑠璃姫物語(浄瑠璃十二段草紙)』。この作品の中の様々なお話が、最初は琵琶の伴奏で語られたんだけど、三味線が中国から伝わってからは三味線で語られるようになった。それで、一五九五年頃には、ついに人形が遣われるようになった。もちろん、時が経つにつれて浄瑠璃は新しい叙事詩を取り込んで豊かになっていったし、たとえば、江戸、大坂、京都、それに長崎や鹿児島という具合に、浄瑠璃が根付いた地方によって朗誦法も違ったものになっていった。それらが竹本義太夫によって義太夫節として集大成された結果、それ以前のものが歴史家たちによって古浄瑠璃と呼ばれるようになったんだ」。

私は（ほとんど反射的に系図的なことが気になって）安藤さんに尋ねた。古浄瑠璃よりも古くて、古浄瑠璃の始祖とも呼べる歌の伝統はないの？　安藤さんは言った、「もしかしたら琵琶法師がそれに当たるかもしれないな、諸国を行脚した琵琶法師は、盲目である場合が多く、琵琶を弾きながら、（教訓話、伝説、奇跡譚などの）お話を語っていたんだけど、その伝統は一一世紀に遡る。琵琶法師の歌い方は、当時の寺院で経文を読むやり方に由来していたんだ」。そこまで聞いたところで幕間休憩の終了を告げるブザーが鳴った。それ以上のことは今も分からない。琵琶法師は、源平合戦の後、『平家物語』の疲れを知らぬ語り部となったのだろうか。また、琵琶法師の祖先とも言うべき語り部たちが、その三百年も前に既に行脚していて、『日本書紀』や『古事記』から失敬したばかりのお話を早速語っていたのだろうか。

一六時三〇分、チケットに書かれている開演時間きっかり。幕がするすると開いていき、右から左へと舞台の姿を見せていき、覆いが取り払われていく。平安時代における最初の絵巻はどれも右から左へと描かれていたけれど、ちょうどそれと同じだ。同時に、右端のわずかに高いところにしつらえてある出語り床に、太夫と三味線弾きの二人が姿を現す。出語り床は舞台空間の横にくっついてはいるものの、だからといって舞台空間が広がるわけではない。太夫は、瞑想にふけった様子で、床本《ゆかほん》を見台《けんだい》から持ちあげ、高く掲げる。もう一人は三味線を手にする。この二人は、準備万端整えて、壁から抜け出るようにして登場するのだ。壁面が回転するようになっているので、こんな芸当が可能になる。黒衣が登場して打つ拍子木の乾いた音が響き渡り、演目や演者の名前が告げられると、舞台空間は新たな広がりを見せる。舞台空間は、(演壇を思わせる)出語り床を伴い重層的なものとなっている。客席に向かって伸びていく半島のようなこの床から間もなく合図が発されて芝居が始まる。犬、または猫の皮を張った三味線に撥《ばち》が下ろされて、第一声が引き出される。

「東西《と〜ざい》!」

観客の注意を促す言葉。

文字通り、「東と西」、「東から西へ」。

三つの音節は長く引き延ばされて、甲高い声が響く。

「このところ、『夏祭浪花鑑《なつまつりなにわかがみ》』、住吉鳥居前の段、相勤めまする太夫、竹本千歳大夫《たけもとちとせだゆう》、三味線、鶴澤清治《つるざわせいじ》。東西!……」

回転式のドアによって再び私たちの視野から消えてしまうまでの間、三味線は、目の前の一点をじっと見つめ、何があろうとその集中力が途切れることはない。客席がどよめこうが、すぐ側にいる太夫がどれほど身体を揺すろうが、集中力を乱されることはないのだ。よく見ると、太夫もまた、同じように強烈な緊張感をみなぎらせているのが分かる。太夫は物語を語るだけでは飽き足らず、すべての登場人物の役を演じる。子供、老女、娼家の女主人、武士、長老、破産した商人、勘当された息子、恋に狂った女。（ほぼ）暗記している床本から太夫が目を上げることが（しばしば）あったとしても、それは舞台を見て、舞台上の人形の動きに詞《ことば》を合わせるためではない。太夫もまたある一点をじっと見つめているが、その視線は客席よりも上に向けられて、三味線と同じような方向を見つめているのだ。三味線と太夫の視線からなるこの二重の視線の束は、ゆるみなく、無限の地点に釘付けになっているが、だからといって、芝居の筋や、観客の目に映る芝居の枠組みから切り離されているわけではない。三味線と太夫の視線は、芝居の筋を別の場所に振り向けていると言ったほうが正確だろう。別の次元、三味線と太夫の領域へと向かうのだ。その秘密の場面、舞台から遠ざけられた場面においてこそ、リズムと歌が生まれる。つまり、ある一つの見世物があって、音楽はこれに従属するというのではなく、二つの見世物が同じ力で同時に存在し、それぞれが独自の領域を持つのだ。だから太夫と三味線は、芝居を補強するとか伴奏をつけるといった機能以上の役割を果たすのである。

「視線」という言葉に含まれる「線」という文字は、線でもあり、描線でもあり、糸でもある。

言うまでもないことだが、人形遣いもまた、誰一人として太夫や三味線を見ている者はない

（人形の上にわずかに身をかがめているだけだ）。人形遣いもまた、無限のどこかだけを見つめている。目に見えない光線が頭上に漂い、ゆっくりと観客をかすめていき、私たち観客のずっと後ろの遠い場所、壁の向こうへと流れていき、すべての視線はそこで出会い、そこで刀を交えるのだ。

視覚の革新に私は立ち会う。私の目は唯一の焦点の周囲に完璧な円を描くものではもはやない。プロセニアムアーチで区切られた円の中にはもはやとどまってはいないのだ。代わりにそこにあるのは楕円形の空間、そして舞台は、いくつもある中心の一つに過ぎない。もう一つの中心は、斜め方向に取り付けられた舞台装置（出語り床）で、干拓地のようなもの、横向きに広がる誘惑に常に晒されている。

黒衣は、太夫と三味線の紹介をまだ終えないうちに姿を消す。黒衣の声は間延びして、舞台の袖から聞こえてくるその声は弱まっていく。これもすべて、第一声をより鮮烈なものとするための仕掛けではなかろうか。舞台前面に張り出すように設置された出語り床の舳先で、象牙のどっしりとした撥が三味線でかき鳴らす第一声が鮮烈に響き渡る。

人形と、人形を操る三人のパルカ〔ローマ神話の運命の三女神〕に戻ろう。一つの頭に対して三対の足と腕。ただ一つの仮面、ある一点の表情をとどめたままの仮面を生きて呼吸するものとしなければならない。控え目で目立たず、小柄な外観とは裏腹に、人形は、心を持たぬスフィンクス、無感動に見えて、エネルギーを貪る。ときには舞台上に七人の登場人物がいることもある。すると二一人の演者がひしめくことになる。舞台は死人で溢れかえる。

最初期の人形遣いについては分かっていないことが多い。人形遣いは中国から来たとも、韓国から来たともされる。日本に起源があると主張する者もあるが、やはり確証はない。一一世紀になって初めて、宮廷の文人官僚大江匡房《おおえのまさふさ》〔一〇四一―一一一一年〕が、人形遣いの旅役者一座について最初の記述を行っている。この記述ゆえに、人形遣いの一座は、その後長きにわたって、土着の社会政体の周辺的存在に追いやられることになってしまった。「傀儡子は、定まれる居《をりところ》なく、当《まも》る家なし。穹廬《きうろ》氈帳《せんちやう》、水草を逐《お》ひてもて移徙《いし》す。頗る北狄《ほくてき》の俗《ならひ》に類《に》たり」（『傀儡子記《かいらいしき》』）〔大曾根章介校注『傀儡子記』、『日本思想大系八』岩波書店、一九七九年、一五八頁〕。これに加えもうひとつのテクスト（一三世紀中葉の辞書『塵袋《ちりぶくろ》』）では、人形遣いに対する差別的特徴が誇張されて、人形遣いの他者性の完璧なイメージが作り出されている。もはや人形芝居そのものは問題とはされず、人形遣いが倫理観を欠いており、売春を行っていると非難されているのだ。人形遣いが放浪生活を送り、動物を殺して報酬を受け取ったり、狩りの獲物で食いつないでいたりしたことに対する警戒心があったためかもしれない。

人形遣いは穴の中で働く。「舟底」にいるにせよ、「屋体」に顔を見せるにせよ、人形遣いの足は観客には見えない（巡業公演を行う人形遣いは、素足だった）。文楽の舞台では、人形遣いが自由に動き回る舟底が必要だ。人形遣いが自由に動き回るこの空間はとりわけ、何かを隠すのにもってこいの場所でもある。不要になったものをそこに沈めることもできるし、死体を片付けることもできる。小道具を扱う黒衣たちはこの空間にはいつくばるようにして、目立たないこの役割を黙々とこなし続ける。（偉大な人形遣い吉田栄三《えいざ》〔一八七二―一九四五年〕もまた、小道具担当だった時代を振り返って、地下世界でのこの仕事に長期間従事していたと回想している）。小道具担当の黒衣たちは、人形の通路を確保することもあれば、特殊効果を演出することもある。特殊効果の一例を挙げよう。『伊勢音頭恋寝刃《いせおんどこいのねたば》』（一七九六年〔に歌舞伎として初演され、一八三八年に人形浄瑠璃に脚色された〕）のクライマックスとも言うべき「奥庭十人斬りの段」では、拍子木を黒衣たちが板に打ちつける音で、福岡貢《みつぎ》に切りつけられる者たちがパニックに陥った様子を表現する。瞬く間に変化していく三つの背景に追いたてられるようにして逃げまどう者たちは十体の死体となって、舟底へと完全に沈み込む。

「芝居」という言葉の最初の文字が「芝」であることの不思議。この謎はこんなふうに説明される。その昔、旅役者一座が川岸の乾いた場所（たとえば、京都四条河原町の鴨川沿い）で芝居を演じたことに由来するのだと。観客は川岸で芝居を見た、まさに草上に居座って。「芝居」という言葉にはまだ牧歌的な風情があるが、寄る辺のない役者たちの生態をもっと直接的に示した表現がある。「河原乞食」という呼び名だ。

登場人物の命同様、小道具の命もまたはかない。役割が終わると、すぐさま用済みとなり、観客の視界から消える。小道具は舞台に登場した瞬間に役割を終えるのだ。純粋な現象として、ある時は刀として、ある時は急須として、鏡として、煙管《きせる》として、火鉢として、扇子として、乗馬鞭として、楽器として登場しては消えていく……。頭がそこから離れたら、枕が視界にとどまる必要などどこにあろうか。小道具が現れてはまた消えていくのは、舞台上が小道具で溢れるのを防ぐためでもあろうが、それ以上に、徹底して打ち捨てられるもの、それは写実主義の誘惑だ。

一段低い位置にいることで、人形遣いが舞台の奥に引っ込んでいるように見えることに加え、人形の背丈が人形遣いの背丈を上回るような幻影が生まれる。人形が高い位置に維持されることは不可欠である。人形の足が踏みしめる床の役割を果たす手摺の高さに維持され、いやむしろ高々と掲げられて、人形遣いの上方に君臨する人形は、ペルセウスの腕先に付けられた「これを見る者を石に変える力を持つ」メドゥーサの首を思わせる。

再び、太夫に話を戻さねばならない。

太夫に話を戻さねばならない。

盆廻しに乗り、金や銀の屏風を背にして、三味線と並んで太夫は舞台空間に闖入する。太夫と三味線のコンビは、『平家物語』の語り手とはまったく違う。『平家物語』の語り手の盲目の法師は、自ら楽器を演奏したのだから。その際用いられた琵琶に比べ、三味線のほうがより音の響きがよく、柔軟性に富むため、語りと音楽との分業が促進されたのかもしれない。こうして、音楽はより専門的なものとなり、様式も変化していったのだろう。古の琵琶法師は、語りと音楽を交互に聞かせたが（そのことは、琵琶法師の末裔の語りの録音によって知ることができる）、浄瑠璃においては、語りと音楽が複雑に絡み合っている。

したがって盆廻しこそが、なかば革命的なものであった。太夫は盆廻しに乗って登場し、自分のすべてを一時間ほどの間に出しきる。するとまた新たな太夫が顔を出す。切り落とす度に新たな首が生えてくる神話の生き物にも似て、瞬く間に、同じ場所に、新たな太夫が顔を出すのだ。ここに、古典的俳優に求めるものを求めるべきではない。古典的俳優においては、一つの身体において、一つの心理が凝縮されて現れるのだから。これに対し太夫は、民衆にもなれば、どよめきにも暴動にもなる。かといって、身をよじってアクロバット的な動きを見せるのではない。すべては太夫の声によってなされるのだ。腹、胸、声帯、喉頭、口蓋、頬、鼻、舌、唇、歯、すべてを動員して、まるで火山の噴火のようだ。太夫の手はただ床本をめくるためだけに、ふくらはぎと踵は、座るためだけにあるかのようだ。膝を折り曲げて太夫は、最大限の気道を確保する。その姿はさながら木の幹、その中心には空気の柱があって、そこからすべてが吐き出され、周囲に散らばっていく。なによりもまず、太夫の業は文字通り爆発であり沸騰である。言葉の洪水だ。観客の前で間もなく太夫は身をよじり、汗を流し、様々な気質を演じる。そして力尽きてしまう、ため息、笑い、あえぎ、破壊音、森の音などを次々と繰り出した挙句に。燃え尽きた太夫の身体だけが最後に観客の前に残される。声と声域の様々な領域に踏み込み、横隔膜（宇宙の原初の要素、いまだ精錬されていない素材の声があるとして、そこから人間の声を隔てるヴェール）を酷使した挙句に燃え尽きた身体だけが残されるのだ。

日本語において「座席」を意味する漢字「座」は様々な表現に用いられるけれど、次の二つの語にも使われていて（そしてこれは単なる偶然なのだが）、どちらも「せいざ」という同じ音を持つ。けれど、その意味するところは異なる。「正座」と「星座」。

次に太夫の演技に目を移そう。

けれど、太夫は演技していると言えるのか。

「世界のどの俳優と比べても、日本人ほど、さんざんがなりたてるはいいが、その結果たるやお粗末な者はない。日本人俳優は、意味のある言葉を喋るのではなく、鳴き声を立てるに過ぎない。猫のようにうなり、げっぷのような声を出し、鹿や象、ロバのように鳴き、馬のようにいななき、悪魔にとりつかれたかのように身体をゆする。けれど私はその俳優に共感できない。

日本の俳優の演技は「脇に」それていて、「装飾的」である。身の毛がよだつほど激しく身をよじって苦痛を表現するが、苦心惨憺して表現しようとしているその苦痛がどんなものかもはや分からなくなって、苦痛の身振りをして見せて、耽美主義者として振る舞っているだけなのだ。そしてこれを見つめる観客もまた、わけも分からず耽美主義者として振る舞うのだ。」〔アンリ・ミショー（フランスの詩人、画家、一八九九―一九八四年）『アジアにおける一野蛮人』一九三三年〕

太夫は自己を表現しているのだろうか。
太夫は誰かを演じているのだろうか。
太夫は何かを真似ているのだろうか。
太夫は私に何を信じさせようとしているのか。
それにそもそも、私の前で動いている人たちの中で誰に最も信を置けばよいのか。

「怒りの芝居、人民の声、秩序への回帰を求める声、叱責の声が聞こえてくる。けれど、そこに偉大さはない。

大声でがなりたてるその声に内包される偏見は、遠く離れていても聞こえてくる。人生は悪い側面において捉えられ、古い欺瞞や義務が素材となり、あまり重要でもない概念が問題となっているにもかかわらず、さも重要であるかのように扱われ、そこには（きわめて日本的な）有無を、、、、、言わさぬ命令の声が響く。そこに描かれるのは、貧しい人々、犠牲者、下層階級の人々の姿であるが、彼らは決まって空威張りし、その勇気はとりわけ装飾的なものであり、どれも似たりよったりなので、こうした人物を表すのに能では面を使い、大阪の文楽では木製のただの人形を使うのも無理もないことだと思える。」〔アンリ・ミショー『アジアにおける一野蛮人』〕

「ただの人形」なのだろうか？

アンリ・ミショーの攻撃はさらに激しさを増していく。もっとも、後になってミショーは考えを改め、気まずい思いをするのだが、だからといって、ミショーの行き過ぎた批判をここで端折って紹介するのでは、中途半端になってしまう。

「ただし、これは大劇場に特有の慣習だとは思わないでいただきたい。もっと小さな、本当に小っぽけな劇場に足を向けても同じなのだ。女義太夫を聞いてみるがいい。人形を遣わず、ただ語られるだけなのに、同様の地獄がそこにある。舞台装置は素っ気なく、簡素で、常に目を引く。二人の女性が観客の正面を向いて座っている。一人は右手、もう一人は左手に。二人の女性。一人は語り、というよりむしろどなり声を上げる女性、もう一人は伴奏者、というよりは、雌鶏が鳴くような音を立てる。

語りの女性はヒステリックに叫び、座ったままうなり、叫ぶ。けれどずっと座ったままである。神経質で上っ面の大騒ぎが長時間ずっと続くけれども、それは心を揺さぶるものではない。せいぜい、感情の装飾的琴線に時たま触れることがある程度である。もう一人の女性は三味線で伴奏をつけるが、ペーパーナイフのようなもので弦を激しくかき鳴らし、のこぎりを引くような音を出す。のこぎりの音が、ほぼ二〇秒ごとに繰り返される。絶望的な音だ。音が止んだと思ったら、その二〇秒後にまた鳴り出す。こんな調子で二五分から三〇分続く。三味線を弾きながらこの女性は雌鶏のような鳴き声を立てる。「ガン」（ギャン、リヤン、ニヤン）と鳴いたと思うと黙り、今度は「オン」と、続いて「オ」と短く、口をすぼめて声を出す。身体を少し浮かせるようにして、滑稽な調子で、まるで鼻をすするように、悪意でもあるのかという調子で否定的に、不機嫌に、そしてとりわけ恐ろしいほどに厳格に形式ばったやり方で。」〔アンリ・ミショー『アジアにおける一野蛮人』〕

キルカガシュ（ペルガモンとコンスタンティノープルの間）の武官に呼び出され、宿の敷居で、シャトーブリヤン〔フランスの作家、政治家、一七六八―一八四八年〕はその土地の習慣に従って靴を脱ぐことを拒否した。そればかりか、激しく苛立ち、お付きの通訳官を通じてこう言い渡したたという。「フランス人は、どこに行ってもフランスの習慣に従うのだ」と。

『アジアにおける一野蛮人』の著者アンリ・ミショーはなぜ、日本の舞台芸術に対してこれほど硬直した態度を見せるのだろうか。インドや中国で大きな感銘を受け、ヨーロッパ文化の中では自分の力が削がれていくように感じられてならないため今すぐにでも決別したいという素振りを見せているというのに。ヨーロッパの人が日本の音楽の特異性を前にして激しい苛立ちを見せたのは、むろんこれが初めてではない。イエズス会士ルイス・フロイスもまた、一五八五年に次のように書いている。「私たちの国では合唱曲は響きがよく優しい。日本のコーラスでは、一つの声の調子で全員が声を限りにがなりたて、これほどおぞましいものはない」。明治時代に日本を訪れた人々の大半（ジャン・ダスプ、ラドヤード・キップリング、クロード・ド・ピモダン、ウィリアム・グレイ・ディクソン、ジョルジュ・ブスケ）についても同じだ。概して見られた反応は、驚いて手を引っ込めるというものだ。だがミショーが見せた拒否反応が意外に感じられるのは、この反応が瞬間的かつ局地的、つまり例外的であるからだ。アジアにおける「野蛮人」と自らを規定したミショーは、中国演劇を称賛し、自らの発見、自分の目で見たり聞いたりした新しいものを西洋演劇批判に積極的に結び付ける姿勢を示していた。ミショーのこの態度は、二〇世紀初頭以来の潮流となっていた革新の欲求に呼応するものであった。それまでワーグナー的なものや自然主義に支配されていた演劇シーン、とはいえ、他所からのイメージ、とりわけアジアからのイメージが既に見られつつあった演劇シーンにおいて、革新の欲求が、思索や実践に新たな方向付けを与え始めていたのだ。ヨーロッパ演劇は、何もかも「提示する」が、何かを「表象する」ことはない、そこが中国演劇と違うと嘆いたのはミショーが最初ではない。一九〇二年の時点で既にアドルフ・アッピア〔スイスの舞台美術家、演出家、一八六二―一九二八年〕が、当時の舞台に見られた素朴な幻想装置を批判して、その暗黙の前提を突き崩そうとしていた。ミショーは、中国の俳優についてこんなことを書いている。中国の俳優は、事物の欠如を演技によって描き出すのであり、様々な形態の透明さを見せてくれる。ただし、「純粋な空気」をじつに巧みに操って厚みを出すのであり、中国の俳優の所作のエロティシズムについて言うならば、「それは肉体ではなく、輪郭のようなもの」となる。こう主張するときミショーの念頭にあるのは、ゴードン・クレイグ〔イギリスの俳優、演出家、一八七二―一九六六年〕、模倣的演劇観の最後の砦（俳優の肉体）を激烈に批判したことで有名なあのクレイグの思索の主要な側面ではないか。

　クレイグは一九〇〇年の万国博覧会において歌舞伎を見たし、文楽の知識も持っていた。クレイグは俳優について次のように書いている。「彼らは、新しい演技方法を再創造してくれるだろう。それは、大部分において、象徴的所作から成る演技だ。今日俳優は、ある性格に人格を与え、これを演じることに心を砕いているが、明日の俳優は、ある性格を表象し、これを演じることに努めるようになるだろう。その翌日には、ある性格の人物を自ら創造するだろう」。〔『劇場芸術論』

一九一一年〕

このように西洋の芸術は、外部との接触によって自らの姿を再考していた。誰もが自分なりのやり方で、独自の道を切り開こうとしていたのだ。ミショーは極東の演劇を現地で発見したが、その一方で、遠く離れてはいても、(もちろんそれは、演劇人、理論家としてというよりはむしろ目利きの愛好者としての立場からではあったが)同時期に(ロンドンからミュンヘンまで、パリからモスクワまで)ヨーロッパじゅうを席巻していた演劇潮流にもまた与《くみ》していた。このような例は豊富にあるし、よく知られてもいる。クレイグ同様アッピアもまた、一九〇二年、川上音二郎一座の歌舞伎公演を見ている。彼らが貞奴の演技に衝撃を受けたかどうかは定かではない(公演は、ヨーロッパの趣味に合わせたものであり、日本で見られた演技をそのまま再現したものではなかった)。だがアッピアは、その観劇体験から、ほどなく教訓を引き出した。当時危機に陥っていたドイツ・オペラを救い出すには、日本的美学に助けを求めるべきだと考えたのだ。その数十年後、植民地展が開かれ、これを見たアントナン・アルトー〔フランスの詩人、俳優、演出家、一八九六—一九四八年〕は、一九二二年以来抱いていた確信をさらに強めることになる。「日本人こそは、私たちの直接の師匠であり、私たちに霊感をもたらしてくれる存在である」との確信を抱いていたアルトーは、植民地展に接して、バリ島の演劇に出会い、舞台の再建(いやむしろ、改造と言ったほうが正確か)に乗り出すこととなったのだ。そして、一九三五年に中国の京劇俳優、梅蘭芳《メイ・ランファン》〔一八九四―一九六一年〕のヨーロッパ公演がきっかけとなってベルトルト・ブレヒト〔ドイツの劇作家、詩人、演出家、一八九八―一九五六年〕が異化作用の概念を紡ぎ始めることになった。

ミショーの激烈で執拗な拒否反応には、当時の日本趣味から距離を置きたいという意志があったのかもしれない（ポール・クローデル〔フランスの詩人、劇作家、外交官、一八六八―一九五五年〕が東京での駐日フランス大使の職を終えたのは一九二七年のことであった）。それ以外の要因として、当時の政治状況も挙げられよう。一九三一年九月以来、日本の帝国主義的拡張戦略の新たな展開が満州において見られ、一九三二年一月には、現地の敵意に満ちた示威行動への報復として、日本軍が上海に侵攻した。これは一九三七年の日中戦争開戦を予告する最初の衝突であった。ミショーの日本滞在はちょうど、軍国主義と愛国主義が高まりつつある時期にあたっていた。『プリュームという男』〔一九三〇年〕の著者であるミショーにとっては、当時、国家の教義に全員が従っているという状況がそこかしこに見られるように思え、これほど許し難いことはないと考えたとしても不思議はない。だが芸術の分野は別枠で考えるべきではないか。人々の精神を軍事的に組織していく行程とは切り離して考えるべきでなかったか。たしかに当時の日本では大阪の文楽座においてさえ、松居松葉《しょうよう》〔一八七〇―一九三三年〕なる人物が書いた『爆弾三勇士』〔一九三二年〕のような作品が上演されたりもしていた。この作品は、上海事変とこれに続く閘北《こうほく》の戦いの二カ月後に書かれたものだ。だが、ミショーの側にもある種の勇み足があって、狂信的愛国キャンペーンの熱狂と、音楽的伝統のゆっくりと熟した果実とを混同したのではないか。二つの異質の現象が、なぜ重ね合わされてしまったのか。ミショーはこの十年後、言語と修辞学がそれまで経験したこともないほどの最悪の道にヨーロッパが迷い込んだときでさえ、次のような巻頭言で著作『試練、悪魔祓い』〔一九四五年〕を始めるほどであったのに（「体制派の大きな声よ、私の声は君には渡さない」）。そんなミショーであったから、狂信的な愛国主義と伝統芸能の美意識は別物であることぐらい区別がついたはずなのに。テクストを見直し修正を加えたとき、ミショーは明晰さを取り戻し、「永遠の日本、手におえない日本」という幻想（この幻想のせいで、見ることが妨げられていたのだ）を手放すことになる。だが、日本との接触に失敗した当初ミショーの目を曇らせていたものはもう一つあった。それはミショーが自らの価値観、美的価値観に閉じこもっていたために生じたものであった。確かな見識を持ち、外国を旅することに貪欲なミショーのような詩人にとってさえ、日本の俳優の特異性を理解することは不可能だった。日本の俳優の演技術についてミショーは、演技の本質にうまく適合できていないと評する。すなわち模倣《ミメーシス》の教義を絶対視し、日本の俳優の演技をこれに適合しないものとして断罪するのだ。こうしてミショーは、義太夫節を不協和音、縁日芝居の出し物の範疇に追いやるが、この態度は、西洋的規範の力がいかに強いかを雄弁に物語る。したがってここに見られる典型的な症候を整理してみると次のようになる（「悪意」や「否定」が観察者の側にあることは明らかだ）。つまりここでミショーは、描写対象となる他者をできる限り遠くに沈めて、そこにとどめ続ける。そして、その他者を動物扱いすることをためらわない。そこに働いているのは、差別的反応であって、そのことを忘れさせてくれるものは何もない。ミショーの文章がどれほど面白おかしく書かれていようと、罵倒の喜びを貪っている様子が文章から感じられるにせよ。このような操作によって、太夫のイメージは変形されて伝えられ、太夫が見せてくれた儀式はもはやその原型をとどめていない。

太夫。それは、船首楼で跪き、歌いながら、自分の舟を燃やそうとしかねない船長のような存在。

語り手と呼ばれることもある太夫は(ただし、ジョルジュ・バニュ〔一九四三年生まれのフランスの演劇理論家〕が著作『カーテンコールのない国。日本観劇記』(一九九三年)で述べていること」になって、直ちに言い直す必要がある。「絶対的な語り手」なのだ、と)、日常言語を統御する規範のほとんどすべて(声の高さ、声色、声の調子)を乱す。西洋の俳優は、顔のすべてを総動員して、複雑な地形を垣間見せ、内面の変化に応じて表情を刻々と変化させていくが、太夫に関しては、顔全体で、この熱狂的な音を生み出していくのだ。したがって太夫が見せる様々な表情から、登場人物の感情の純粋かつ単純な表出を読み取る必要はない。ディドロ〔フランスの作家、思想家、一七一三—八四年）が当時演技に定評のあった俳優モンメニルについて述べたこと（「彼はこれら様々な表情の仮面を付けていた」）は太夫には当てはまらないのだ。太夫は口をゆがめ、頬をふくらませ、唇を震わせ、眉を寄せ、額に皺を寄せ、目を見開き、頬骨を飛び出させる。それは舞台上の若い主人公が絶望しているからでもなく、恋する娘が悲しんでいるからでもない。このようにすべてをさらけ出し、顔面を激しく動かすことがどうしても必要だからだ。こうすることで初めて、まさにこの声色を創り、発することができるのであり、声の素となる良質の小麦粉は、他の何物にも代えられない。これまで耳にしたことのない周波数の音の生地がまさに目の前で発酵していくのを私たち観客は見る。登場人物の人生のかなり大きな部分が移動して、積みあがっていく、この新しい素材の中に。この新しい素材は、きわめて自由に動き、沸き立っている。太夫の声というこの素材は、激しい興奮状態にあり、忘我の境地にあることもしばしばで、唸り声、舌打ち、歯ぎしり、甲高いヒューという音となって現れる。爆音に轟音。変貌自在な太夫の表情（とりわけ豊竹嶋大夫《とよたけしまたゆう》の顔は、大きく震えているかのようだ）は、魂とか心の動きを表現するものとなることを拒否する。変貌自在の太夫の顔は、別の側面、雄弁の文化において普通は抑圧されている側面を見せてくれる。言葉がまさに酷使されるのだ。肉がめくれ、工房を開陳する。炭坑を思わせる回廊、組み立て作業、配管のすべてが白日の下に晒されて、大きなオルガンが姿を見せる。両唇音、破裂音、摩擦音、硬口蓋音、歯音、声門子音、閉鎖音で奏でられるオルガンだ。肉体が（絶対的、つまり厳密に）たわむように見えると、肉体のあちこちに空気が通り抜け、肉体をふくらませるように見える。そんなとき太夫の肉体は、風の動きを方向づけたり、その流れを統治したりすることにはまるで無関心に見える。それどころか、とげとげしさや突発的出来事を熱狂的に求めて夢中になっているのだ。太夫の肉体は、あらゆる風に向かって開かれていて、ドアや窓はバタバタと音をたて、声の許す限りの極限状態に常に置かれている。そこに行き過ぎを見るべきなのだろうか。中世においては「貪食」と呼ばれたもの、口腔整形外科と礼儀の名の下に数世紀にわたってフランスのサロンが工夫をこらして沈黙を強いてきたものが、異国情緒を伴って舞い戻ったと評するべきなのか。太夫の語り口は、慎みを欠くものというよりむしろ場違いのものと言ったほうがよいだろう。(太夫から離れたところで動く人形は、太夫の声の届くところにはいるが、太夫の手はそこまで届かないという意味で人形との連帯を欠く)太夫は、そこに当然太夫がいるはずだと私たち観客が期待するところ(登場人物の皮膚の内)にはいない。太夫は登場人物になりきるために登場するのではなく、語るためにやって来るのだ。

太夫の怪物性。

所作の突起物としての声。声は所作に付き添うことはせず、ふくらみ芽吹き、自律的に溢れ出す。声が所作を説明することもない。声自体が所作となり、声特有のまさにその所作を物語るのだから。

一つの声が声の叙事詩を私たちに歌い聞かせる。

クローデルは文楽について次のように述べた。「喋っているのは俳優ではない。言葉が動いているのだ」。〔宮島綱男への書簡〕

アルトーは、バリ島の演劇について次のように述べる。「そして私が言語という言葉で意味しようとするものは、最初は捉えどころのないものに思えた特有言語を指すのではなく、まさにある種の演劇的言語のことなのである。それはおよそ話し言葉と呼ばれるものの外側にあり、そこには、舞台の壮大な体験が再び見出せるように思えるのだが、これに比べれば、もっぱら対話に頼るしかない私たちの言葉など片言に等しい」。〔『演劇とその分身』一九三八年〕

演技よりも太夫の声が優先することがこの上なく明らかになるのは、人形を伴わず、太夫の語りのみが見世物となる場合である。義太夫節のこの変種は、二五〇年にわたってなかば非公式な立場に置かれてきたのだが、明治初期に、女義太夫として公認されたもので、戦前ミショーをあれほど苛立たせたのは、この女義太夫なのだ。文楽の太夫が観客に対して横向きになっているのに対し、女義太夫では太夫は正面を向いている。それゆえ、太夫の表情のゆるぎない緊張感が強調される。太夫の張り詰めた表情は、太夫の後ろの壁に貼ってあるポスターの写真にある一二人ほどのボクサーの様々な表情と思いがけないコントラストを成す。会場となったこの居酒屋の奥の小さな部屋で今日、竹本越孝《こしこう》と鶴澤三寿々《さんすず》が公演を行っている。太夫と三味線、二人の女性が歌い語るのは、『一谷嫩軍記《いちのたにふたばぐんき》』二段目、有名な組討《くみうち》の段だ。どよめき、金属がぶつかり合う音、泣き声、嘆き声が聞こえてくる。源氏方の熊谷次郎直実《くまがいじろうなおざね》と平家方の平敦盛が刀を交え、勝敗が決する。

日本に来て数カ月、これが義太夫節との最初の出会いだった。

去るほどに、御船を始めて、一門皆々船に浮かめば「乗り後《おく》れじ」と、汀《みぎわ》に打ち寄すれば、御《ご》座船《ざぶね》も兵船《ひょうせん》も、遥かに延び給ふ

無官の太夫敦盛は道にて敵を見失ひ、「御座船に馳せ着いて、父経盛に身の上を告げ知らすことあり」と、須磨の磯辺へ出でられしが、船一艘もあらざれば詮方波に駒を乗り入れ、沖の方へぞ打たせ給ふ

かゝりけるところに後ろより、熊谷次郎直実

「ヲヽイ〱」

と声を掛け、駒を早めて追つかけ来たり

「ヤアそれへ打たせ給ふは平家の大将軍《たいしょうぐん》と見奉る。正《まさ》なうも敵に後ろを見せ給ふか、引つ返して勝負あれ。かく申す某は、武蔵国の住人熊谷次郎直実見参《けんざん》せん、返させ給へ」

と扇を上げて差し招き

「暫し〱」
と呼ばはつたり

〔『文楽床本集』第一五三回文楽公演、二〇〇五年、七—八頁〕

この後に続く戦いの果て、最初の頭が落ちる。一六歳の若武者の頭だ。その若武者の父親と言ってもよい武士の刀にかかって。この段の冒頭はよどみ、重々しく、そこには予感が漂っている。それゆえにこそ、頭が切り落とされる瞬間は劇的である。熊谷は迷う。一方には、息子と見まがうばかりのこの若者を殺さなければならないことによって感じる憐みがあり、他方、この若者の命を奪えという主君義経の命令は絶対である。この二つの間で引き裂かれるのだ。熊谷はこの命令を実行するが、おびただしい涙を流さずにはいられないし、早く決着をつけるようにとせかす味方の武士たちの要求に従う他はない。

このとき私は、あるがままに、何の準備もせずにこの場面に立ち会った（義太夫節というのは朝鮮の伝統的口唱芸能パンソリの親戚みたいなものと思っていたが、まったくの別物だった）。通訳の助けも借りずに（竹本越孝さんの弟子になって初めて、私はテクストの内容をよりよく理解できるようになった）。このとき受けた衝撃は、パフォーマンスなどという言葉ではとても説明できない。私はある種のトランス状態に投げ込まれた。エディット・ピアフ〔フランスのシャンソン歌手、一九一五—六三年〕を思わせるほど小柄な二人の女性が、私に容赦なく襲いかかってきたのだ。刀と旗を翻し、軍勢を引き連れて。二人の女性が四〇分の間惜しげもなく与えてくれた音の洪水は、『オーソン・ウェルズのフォルスタッフ』〔一九六六年、スペイン、スイス合作映画〕におけるシュールズベリーの戦いにも匹敵するものだった。速度がめまぐるしく変わっていき、気を失ってしまいそうな快感、激しさとコントラストの絶妙な組み合わせ、すべてがウェルズの映画と共通していた。天才的な節回し。そして天才的な劇センス。まったく新しいものが私の目の前に現れた。〔ヘンリー・パーセル（イギリスの作曲家、一六五九—九五年）のオペラ『ダイドーとイニーアス』（一六八九年）の〕ダイドー役で歌うジャネット・ベイカーの姿、〔アルバン・ベルク（オーストリアの作曲家、一八八五—一九三五年）のオペラ『ヴォツェック』（一九二五年）の〕マリー役のイヴリン・リアーの姿に思わず身を震わせたこともあった私にとってまったく新しい体験だったのだ。これはまだ始まりに過ぎない。もっと強い揺れがやってくる。声が私の喉元に飛びかかってくる。音が圧倒的な質感を持って迫ってくるというこの感覚は、私の耳には音以外のものはほとんど何も入ってきていなかったため引き起こされたのかもしれない（なにしろ、太夫が語る古の言葉は、文学的な言葉で、日本人でさえこれを理解することは困難なのだから）。それはもちろんあり得ることだ。太夫の語りの意味にどんなとっかかりもひっかかりも持てないのである以上、他の領域、つまり声そのものに好奇心を向ける以外にはなかったということもあるだろう。けれど、あれから何年も経った今となっても、あのとき心を揺さぶられた経験が少しも損なわれることなく、心が根底から覆されるような思いとともに蘇る。あの舞台で起こったことは、何か登場人物を演じるとか、その人物の運命を演じるといったことを越えて、もっと根本的な何かなのだ。演技を越えたところで何かが起きたのだ。

マリア・カラス〔イタリア・オペラを得意としたオペラ歌手、一九二三―七七年〕はトスカであり続けることをやめることができない。トスカのテクスト、モチーフに形を与え、トスカの罪を全身で考え、トスカになりきってよろめいた。舞台上でこの人物になりきろうとすることにどこまでもこだわり続け、人物の内面の各瞬間を演技によってことごとく表現しようとするこの姿勢、死刑執行人に対峙したときのトスカの不幸な姿は、私たち観客の胸を打つ。こうした私たちの感じ方の大本にあるのはアリストテレスだ。ところが竹本越孝は、対峙する二人の武士どちらかに肩入れすることなく、まるで真珠貝の中の真珠のようにどっしりと構えて、戦闘場面そのものに形を与えて描き出す。一騎打ち、感情の波のぶつかり合い、武士たちにこのようなぶつかり合いを強いる戦いそのものを描き出す。太夫は、あらゆる手段を尽くして物語る。あらゆる人の額に飛びかかり、稲妻のような速さで駆け抜けていく。そこに現れるのは、まさに二つの軍勢。全員勢揃いした二つの軍勢のなかを、越孝のとてつもないエネルギーと男まさりの力が駆けめぐる。越孝は、他者への私たちの欲望にこれらの登場人物を引き渡して私たちの心を揺さぶるばかりでなく、驚くべき力を見せて私たちの想像世界の空間を再配置し、私たち観客を当惑させる。野生の感触のようなものが、世界を再び魔法にかけるのだ。その結果、テクストのどんな側面も、何か別のものとなって私たちの前に現れる。熊谷の心の痛みも、敦盛の苦悶も、その一つ一つが、心理的領域を離れて、別のところで作用し始めるのだ。別のところ、思ってもみなかった深み、そこから熊谷の心の痛み、敦盛の苦悶が、太夫の鍛冶に鍛えられて、熱く燃え、シュウシュウと音を立てて私たち観客を直撃する。太夫の声、そこでは粒子がまき散らされ、ぶつかり合う。語りと歌を同時に聞かせるという困難が取り払われたかのようだ。語りと歌を同時に聞かせることにピエール・ブーレーズ〔フランスの作曲家、指揮者、一九二五―二〇一六年〕は根本的問題を見て、これに挑戦したが、こんな芸当は、どんな技術をもってしても、たとえ〔現代音楽における手法で、語りと歌の中間を目指す〕シュプレヒゲザングの手法を用いてもかなわなかったというのに。リヒャルト・ワーグナーは、〔ベートーベンのオペラ〕『フィデーリオ』〔一八〇五年〕の最も劇的な瞬間に、女性歌手が急に調子を変えて歌を中断し、絶望に満ちた声で喋るような調子で語り、死刑宣告がより際立つようにしたことに狂喜した。しかしながら「ある領域から別な領域への突然の下降」が行われたとしても、歌と語りの距離は保たれていたのだ。曖昧さを避けて言い直すなら、「現実の」領域が「理想の」領域と競合していたのだ。文楽の場合はまったく話が違う（同じ個所を引用しつつも、アンドリュー・ガーストルは正反対の結論を導く）。文楽においては、歌と語りは切り離されず、競合するどころか、むしろ融合している。もしかすると、これ以外の第三の様態があって、まだ初心者の私の耳には聞こえないだけで、第三の様態こそが、二重性の呪縛を解消し、私が感じている滑らかさの印象を説明してくれるのかもしれないが。

どうだろうか……

今のところは、ただ身を委ねていよう。越孝がその器官（口、それ一つで舞台を作るのだ！）を使って天変地異を引き起こす（彼女が座っている場所は、クマエの巫女の洞窟に変貌する）と言うだけでは足りない。彼女の口は、彼女を彼女自身でなくしてしまい、性別もない状態にする。息継ぎをする様子も見せず、何ものにも捕らわれず、越孝は槍となり、戦旗となり、馬の後脚の飛節となり、輝きガチャガチャ音を立てる鎧兜となり、光輝く海となり舞台を覆い尽くす、こう言ってもまだ足りない。彼女は、叙事詩の細部一つ一つなのであり、それゆえにこそ、全体を包み込む物理現象となる。ある完成された体系ではなく、今まさに形成されつつある宇宙なのだ。

義太夫節との最初の出会いを経験した直後の私は、呆然として、涙にくれ、けれど心の底から楽しい気分だった。

ミショーが再び日本を訪れることはなかった（ミショー展を企画した東京都から特別招待を受けていたものの、これに応じることを結局断念したのだ）。だがミショーは一九六七年から八四年にかけて（八四年は、ミショーが亡くなった年だ）、その五〇年ほど前に披露した考え方を改めるようなことを三度書いている。ミショーが行った加筆や訂正のうち以下に紹介するのは、日本映画についての言及を補うメモのようなものだ。

「だが、日本映画の傑作が生まれるには戦後を待たなければならなかった。

どんな国民も、日本映画においてほど、十全に表現され、明らかにされたものはない。行動する国民、所作の国民、演劇化の国民。映画は、とりわけこのような国民を待ち望んでいたし、このような国民のために生まれた。

誰にとっても新しい芸術であった映画には、まったく脇にあるものを取りあげるようなところがあった。そんなことは知っていると信じ込んでいる社会に対して、本当の作法とは何かを見せようとしていたのだ。

日本映画を見るときは、襟を正さずにはいられない。」

太夫が舞台から去るとき、まさにすべてが清算される。

稀な例外を除けば、文楽においては役が割り振られるのではなく、各段が太夫に割り振られる。文楽には時代物と世話物の二種類があるが、ドラマのクライマックス、技術的にも困難とされる段は、経験豊かな太夫に割り振られる。それほどの難度はない段については、それ以外の太夫が担当する。したがって太夫であるということは、(英雄から端役まで) すべての登場人物の声を順々に出していくということにとどまらない。自らが文字通り回転するものとなることを受け入れることでもある。各段の終わり、いや、時には物語が佳境にあるときでさえ、盆廻しが回転して、新たな太夫と三味線が潑剌と颯爽と登場し、汗びっしょりの太夫と三味線を舞台裏へと追いやるのだ。(こうして、一演目につき平均で、五、六回の回転が行われる。近松の時代には、丸一日かけて公演が行われ、日の出から日没まで続いたことを考えると、その時代に盆があれば、もっと回転数が多くなっただろう)。

新たにやって来た太夫は、その直前の太夫が中断したところから話を引き継ぐ。一行が中継所のような役割を果たし、さっき耳にしたばかりの前の段の最後の一行が、これから展開される段の導入となる。どんな場合もこの方法は踏襲されて、時には話が佳境に入っている最中でこの交代劇が行われ、舞台上の登場人物の動きが宙吊りにされる。このような場合でも、一行のテクストという細い糸が物語の継続性を保つのだが、だからといって、ひとつのサイクルが終わったという感情を妨げることはない。舞台上にちらばった登場人物もそのことを心得ているらしく、不自然に動きを止めて、心ここにあらずといった様子の者もあれば、びっくり仰天といった様子の者もあり、太夫と三味線の交代の間じっとしているのだが、間もなくその魔法を打ち破るようにして、三味線の演奏がきっかり始まる。

太夫は、登場人物の陰に隠れるしかない。この役はこの太夫のものとか、この太夫だけのもの、という考え方はなく、そこには、どこまでも全力を傾けて自らの持てるすべてを差し出し炸裂させるということしかない。太夫は心得ている。今自分が行使している権力も、間もなく取りあげられて(そもそも太夫は腰かけると言うより中腰になっていると言ったほうがいい)、原始的な仕掛けによって、自分の頭が舞台袖の闇の中へと送り返されることをよく知っているのだ。臨時雇いにも等しいこの短い期間のうちに、観客の心に火をつけなければならない。そう、すべてがスター俳優のありかたとは正反対なのだ。

担当の段が終了すると、太夫は床本を頭上に掲げて、自らの天下が終わったことを示す。見台の位置を直し、太夫が身体を後ろにずらしたと思う間もなく、盆廻しが回転してあっという間に太夫の姿を私たちの目の前から消してしまう。太夫に照明が当たり、私たち観客がせっかく拍手をしていたのに、それをきっぱり断ち切ってしまうのだ。盆廻しの裏側には、別の太夫がもう待機していて、観客の前に躍り出て、前の太夫に代わって天下を取ろうと待ち構えている。前の太夫はもはや登場人物に組み伏せられてしまったのだ。

主遣いもまた観客の拍手を受ける、舞台に登場するその時に。けれどそれはいつも短い爆発のようなもので、通り雨が激しく打ち付けるような音だ。感謝の波が立つのだが、その波が降下することはない。そんな暇はないのだ。まるでどこか一点に狙いを定めたかのように、そして標的を射抜いたら、それ以上だらだらと拍手をし続ける必要はもうない、いやむしろ望ましくないとでも言わんかのようだ。長い間私は物足りなさを強く感じずにはいられなかった。最後に割れるような拍手をしないでいることがもどかしくてならなかった。俳優がまた舞台に出てきてくれることを期待していたわけではない（カーテンコールがないのは知っていたから）。ただ残念だったのだ。公演後の拍手もまた、芝居の合間に起きる拍手と変わらず、あっと言う間に終わってしまうことが。すぐに拍手をやめてしまうのは観客が冷たいからだと最初は思った。けれど少しずつ考えが変わってきた。むしろこれは、美的喜びの特殊な表現ではないか。感謝の気持ちが、演者におもねることなく純粋な感情のほとばしりとして表明されているのであって、だからきわめて限定的なかたちで現れるのであり、濃密な拍手であるがゆえに、枯渇するという事態も避けられるのではないか。最初の熱狂が先細りしていき、少しずつ消えていくことほど恐ろしいことはない。そう、これ以外にやりようがないのだ。幕が引かれたら、拍手を矢のように浴びせて終わりにするしかないのだ。

その日の公演『義経千本桜《よしつねせんぼんざくら》』（一七四七年）において忠信《ただのぶ》の姿を借りていた狐が元の姿に戻り宙に舞いあがる場面で最後の拍手の一斉射撃が起こり、どよめきが起きたと思う間もなく、皆一斉に立ちあがり、劇場から出ていく。午後の公演はこれでおしまいだ。劇場入り口には、別の観客の一団が夜公演の開演を待ち構えている。幕の後ろでは、大道具係が舞台装置を解体し、次の演目の舞台装置を組み立てている。金槌やドリルのリズミカルな音に合わせて私たちは一団となって、出口へ、日の光の方へと向かう。私たちはゆっくりと流されていく。もの思いにふけりながら、舞台に背を向けて、舞台という魔法の箱から遠ざかっていく。舞台の上では、小さな動物間の手からこの鼓を取り返し、これを天に奉納するのだ。自分の両親の皮をはいで鼓に張った人（狐）が、人間の姿を借りて、自らの宿命を果たすのだ。

文楽の舞台は今日の複雑な舞台空間を獲得する以前、日本における最初の形態としては、小さな箱のようなものであった。もちろんそれは巡業用の箱で、板を繋ぎ合わせただけの簡素なもので、首から吊りさげられていた。最初は人形遣いだけだったものに、この小箱が付け加えられたのだ。けれど、初期の人形遣いと浄瑠璃の人形遣いに直接の関連があるかどうかはほとんど分かっていない。

一五七四年頃描かれた絵巻の四枚の絵には、初期の人形遣いの姿が見える。人形遣いは男の場合も女の場合もあって、戸口から戸口へと渡り歩き、ある者は、目のところまで覆い、箱を頭の上に載せている。顔に覆いを付けることなく、箱を腹の前に吊っている者もある。いずれも、その場に集まってきた人たちを前にしている（背中に赤ん坊を背負った母親、子供たち、野次馬など）。だが、この人たちも、お話が終わるとすぐに散っていくのだろう。さらに時代が下ってまた別の絵巻では、釣り人や武士が箱の周りに集まっているが、その箱の中では能の一場面が演じられている。けれど、とりわけ私の心を打つのは、近松と同時代のこの絵だ。人形遣いがアップになっているため、箱の中や上にいる登場人物六人の姿が細部まで分かる。プロンプター・ボックスに似ているように急に思えてきたこの箱は、来るべき舞台空間のエッセンスが詰まったミニチュア、卵のようで、古の人形遣いの腕の先に掲げられたその箱の上部には、子狐が尻尾を巻いて座り、その上に開いた唇を乗せている。

また別の日の夕方、幕が引かれるとすぐ劇場を出て、国立劇場裏手の楽屋口に向かっていた私は、人形遣い桐竹勘十郎とすれ違った。名前と顔はプログラムで確かめ写真で見ていたからすぐに分かった。桐竹勘十郎はちょうど『奥州《おうしゅう》安達原《あだちがはら》』（一七六二年）において、娘を殺す鬼女の役を一時間ほど務め終えたところだった。ついさっき舞台が終わったばかりなのにもう劇場を後にしようとしている、両肩の間に顔をうずめて。それは私にとって驚きだった。まるで劇場から逃げていくかのようではないか。けれど私は話しかけるタイミングをうまくつかんで、称賛の言葉をかけた。夜の闇の中に消えていこうとしていた彼は私の声に振り返り、それでもなお逃げ去る動きを止めることなく、今度は後ずさりする格好になってお辞儀して、何かもごもごと口にした。こんな風に引き留められて困惑しています。あれほど長時間人目に晒された後だから、暗い道に早く身を隠したいのですとでも言わんばかりに。

国立劇場の楽屋口からは演芸場の楽屋口が見える。演芸場は国立劇場の後ろに隠れるようにしてある別館で、女義太夫という、より親密な舞台に使われる。ここでもまた造りが空間を分かつ。この場合、二つの共同体に。一七世紀初頭、女性が芝居を職業とすることが禁じられたことの名残がここに見られるのかもしれない。男女が分かたれたことの痕跡が、社会空間の差異としていまだに残っているということだ、明治時代が到来してすぐに女人禁制が解かれたにもかかわらず。国立劇場と演芸場、この二つの建物は互いに背を向けているように見える。桐竹勘十郎の姿は夜の闇に飲み込まれ、演芸場の壁の後ろに消えていく。この演芸場で、竹本越孝は仲間たちと女義太夫演奏会に定期的に出演している。

スリッパをはいて演芸場の廊下にあがる。日本においては公共の場所で靴を脱がなければならないことが多い（料亭や寺院など。そして、トルコの知識人アブドゥルレシド・イブラヒムが記したところによると、一九〇九年までは、劇場の畳敷の客席でも靴を脱がなければならなかったという）。スリッパ、まるでつっかけみたいだけれど、柔らかい合成樹脂でできていて、黒色だったり緑色だったり。私は靴の紐を解き、その辺にあるスリッパを適当にひっかけて、ワックスがけしてある廊下を抜けて楽屋に向かう。棚の上には、大きな厚底の舞台下駄、台木に鼻緒を付けたものがずらりと並んでいる。こんなに重いものを身に付けて人形遣いは軽やかに踊っていたのだ！　自分が今はいているスリッパが平べったく、快適なものであることが急に実感として迫ってきた。今ようやく分かった。主遣いが、左遣い、足遣いに対して、軽々と舞いあがっているような印象をなぜ与えるのか。この台の上に乗っているからなのだ。そしてこの下駄は、固定した台座などではない。

けれど彼らはどこに行ったのか？　皆どこに消えてしまったのか？

今夜もまた、楽屋にはほとんど人の姿がない。まるで緊急避難でもしたかのように。

いつもそうだ。人形遣いは束の間舞台で演じると、その後にはほとんど何も残していかない。地震の後、慌てて逃げ出したかのように。

そこに残されているのは、壁沿いに並ぶ人形のかしら。木製のフックに掛けられて、薄闇の中にあるかしらは私の心を動かす。私が今感じているこの思いは、ついさっきまでの観劇中の感動とはまったく違う、より強いものだ。ついさっき、近松の『曾根崎心中《そねざきしんじゅう》』（一七〇三年）では、二人の恋人が自らの死が迫りくるのを感じつつ、代わる代わるくず折れながら、死に向かう長い道行の間ずっと、上体を甘美によじっていたのだった。それなのに彼らは今やまったく動きを止めて打ち捨てられている、そのことに私は強い衝撃を受けた。そうした生態を持つ動物がするように、人形は立ったまま、両目を大きく見開いて眠っている。だが、人形の顔つきは重々しく、そこから命が抜き取られているのだという身体感覚があまりに強烈で、まるで三つの死体がぶら下がっている絞首台の前を通っているような気がする。ぶらさがった死体、だらりと垂れ下がり、生気を失い、宙吊りになって、中身が抜き取られている。これがさっきまで生きて動いていたとはとても思えない。

近松は「舞台裏」という言葉を既に使っていた。文字通り「舞台の裏」という意味だ。好奇心旺盛な人は客席からは見えなかったものをここで発見できる。だが、さっき確かに見たと思ったものは、ここではいたるところで身を縮めている。

芝居が終わる度、私は何に駆り立てられて、薄暗く、整然としていて、田舎の役所の閑散期を思わせるほど人気のないこの奥まった場所にやって来るのか。ただ今夜ははっきりとした目的がある。吉田和生《よしだかずお》に楽屋で会ってもらうことになっているのだ。吉田和生は私たちのために素晴らしい席を用意してくれた。おかげで、私はオペラグラスなしで舞台を見て、そこで起きること一つ一つを詳細に観察することができた。だから、私たちは楽屋に行き、そのお礼を言った。すると吉田和生は、何も特別なことをしたわけではありませんからと言い、人形遣いの業を披露して、技術的解説までしてくれたのだ。今度はごく私的な場で、人形が私たちの目の前で身をよじり、恐れおののいたり、お辞儀をやって見せたりする。だが、これほど近くで観察して実感したのだが、これまで遠くから見ることで、夢幻的雰囲気がどれほど高まっていたことか。近くで見ると、優雅な動きはそのままでも、さっきまで舞台にいた登場人物はもうそこにはいない。そもそそんな人物は本当に存在したのだろうか。(『艶容女舞衣《はですがたおんなまいぎぬ》』一七七二年の)お園《その》という人物はついさっき舞台の上にいた。けれどそれは、様々な枠組み、様々な言語(音楽、言葉、人形遣い)の交錯するところに生まれたものだ。お園の嘆きが実体を持つことができたのは、浮遊する空間、偶発的に生まれる空間があればこそ。そこでは、音楽、言葉、人形の動きという三つの孤立した世界が互いを磁力で引き寄せつつも、一定の距離を保っているのだ。そして、光の束のようなものとなり、常に重ね合わされているのだ。結局のところ、舞台から離れた人形は、お園ではあっても(だが、そのお園とは誰のことなのか)、お園の姿はそこから立ち去り、別のものとなっているのだ。

「演劇における人物とは何か?」

こんな疑問が突然浮かび、考えるともなく考えてしまう。こんな疑問が湧いたのも、つい何となく、あるいは、何事も理詰めに考えてしまいがちな習慣のせいかもしれない。けれど私はこう自問せずにいられない。結局のところ、人形の中身が空洞で、言葉を発しないがゆえに、私はこの根本的な疑問について探るように仕向けられるという皮肉な状況が生まれたのではないか。ピランデッロ[(イタリアの劇作家、一八六七—一九三六年)の戯曲『作者を探す六人の登場人物』一九二一年]において、六人の登場人物が演出家や俳優の前にやって来て、彼らの安逸を乱したのと同じように、中身のない人形、口をきかない人形は、私のこれまでの確信や前提を見直すことを迫り、私自身の深淵に近づけと迫る。文楽の登場人物は定義からすり抜けてしまう、視覚的にも、思弁的にも。文楽の登場人物の真の生は別の場所にある。あちこちに散らばり、まき散らされて、常に自己を再創造しているのだ。文楽の登場人物は、ある一人の俳優の身体に縛られることを拒み、ある一人の俳優の身体に宿るとか、逆にこれを受け入れることはしない。その意味で、西洋的演技の古典的な二大手法とは無縁だ。文楽の登場人物は、複数の身体の後ろに回り込んで姿を現す。文楽の登場人物は何度も姿を変えて現れ、様々な場所、様々なしるしを増殖させていく。ただ一つの意味を啓示するものとして登場するだけでは飽き足りない。ようするに、文楽の登場人物は、空間を操り、主体を意のままにするのだ。つまり文楽の舞台とは、いわゆる「場所理論」(場所中心主義)における「私」を見事に体現するものと言えるのではないか。「場所理論」とは、言語学者や地理学者たちが日本的ものの見方を説明しようとして時折使うことのある用語だが、「場所理論」によれば、日本的「私」は、自分がどこに位置するかという状況によって決まるのだという。このような日本的「私」のあり方は、超越的自我とは異質なもので、自分の意見を表明するために語る言語においてすら、場所の特定がまず行われ、そこで他者との関係が決まって初めて「私」が規定されるのだ。その反面、日本的「私」は、新たな立場に置かれる度、少しずつ別の顔を持った者として生まれ変わる。文楽の登場人物にも、これと同様の、自己なき自分とでも言ったものがあるのではないか。文楽の登場人物は、観客の注意を一身に集めながらも、本質的に多極的存在である。太夫から太夫へと引き継がれ、生気を吹き込まれる前の人形と、人形遣いの手で極度に神経を張り詰めた状態の二極間で休みなく翻弄され、三味線による命令と撤回のリズムで活気づけられるのだから。文楽の登場人物は遍在すると同時にどこにもいない。とらえどころのない存在。文楽の登場人物は、西洋の俳優のように、俳優のもう一人の「私」として現れるのではない（「私は『ハムレット』を見ようと思ってきたのに……私が見たものは〔女優〕サラ・ベルナールでしかなかった」とアンドレ・ジッド〔フランスの作家、一八六九―一九五一年〕は嘆いた）。こんな言い方では、到底言い尽くせない。文楽の登場人物は完全な変容を遂げ、空間的現象、音楽、ダンスになってしまうのだ！

人形が演技をしないのだから（これこそクレイグの偉大な直感の一つなのだが、人形は俳優ではないし、俳優のパロディーでさえない。クレイグは言う「人形は小さな人であって、俳優ではない」）、主遣いが演技をしているのだろうか、太夫の顔が崩れるときも大理石のように無表情なままで。

「生身の俳優は、どれほどの才能の持ち主でも、私たち観客を常に困惑させる。虚構のドラマを演じているはずなのに、生身の俳優を介して、外から闖入した要素、現実世界のこと、日常生活を思わせるものが混ざってしまうからだ。生身の俳優はどこまでも、その人物を装っているに過ぎない。これに対し人形は、筋書きから引き出した登場人物の命と動き以外のものは何も持たない。人形は亡霊のようなもので、この亡霊を生き返らせるのが語りである。この亡霊は、かつての自分の行いがすっかり語られるのを聞いているうちに蘇り、過去の記憶は徐々に現実となるのだ。俳優が語っているのではない。言葉が動き始めるのだ。」

このように述べたクローデルに続き、谷崎潤一郎もまた〔小説『蓼喰う虫』（一九二八―九年）においてし、同じ問題提起をしているように思える。「それを根気よくみつめていると、人形使いもしまいには眼に入らなくなって、小春は今や文五郎の手に抱かれているフェアリーではなく、しっかり畳に腰を据えて生きていた。だがそれにしても、俳優が扮する感じとも違う。梅幸《ばいこう》や福助《ふくすけ》のはいくらうまくても「梅幸だな」「福助だな」という気がするのに、この小春は純粋に小春以外の何者でもない。」〔『蓼喰う虫』岩波文庫、一九四八年、一九七〇年改版、三七頁〕

ここで演じているのは誰か？

人形遣いの実演が終わり、吉田さんの腕が人形から離れた。吉田さんは私に人形を差し出して、たった今お見せした動きを試してみませんかと言ってくれた。ところがまずいことに、私のスカーフは、何か尖ったものにひっかかった。人形のかしらにごく小さな針が打ち込まれていたのだ。ちょうど口角のあたりのでっぱりに、私はその時初めて気付いた。この人工的な牙〔口針〕を持つのは、女の人形だけである。こうして女の人形は口のところに右袖をひっかけ、あるかなしかの口があたかも袖をかみしめているように見せて、激しい嗚咽をこらえているかの風情を出すのである。この所作は、観客が待ち受けているものの一つで、絶頂のしるし、刺すもの《プンクトゥム》となって、直線的な語りのうちに定期的に穴を穿つ。その意味では、歌舞伎で珍重されている見得に近いものがある。歌舞伎役者が見得を切り、私たち観客をキッと見据えるあれに近い。人形の仮面の内側に埋め込まれ、斜めに突き立てられたこの口針から私は数秒間目を離せなかった。後になってからも、あの口針を思い出す度に、怪物のような犬歯と、この犬歯が人形の顔に刻む生々しい表情が脳裏に蘇った。

舞台も客席も人がいなくなって、明かりも一つ、また一つと消えていく。劇場内に残っていた人たちも、階段を上って、出口へと向かう。町の暮らしへと戻っていくのだ。もしかすると、夜警が見回りに来て、夜の闇に沈み込み抱かれている人形を不意打ちするかもしれない。冷たく苔むした闇の中に浮かびあがるものを見ることを谷崎は好んだ。闇の中で鈍く輝くオーラを放ち、黄金の像の手や金糸の模様を施した絹織物の袖が浮かびあがり、あるいは、電気照明がまだ舞台を覆い尽くしてない頃の、人形の小さなかしらが浮かびあがってくる。一九二三年の関東大震災の後東京を離れた谷崎は、大阪と神戸の間の土地、伝統が近代の東京よりも生き生きと息づいているこの土地で、文楽の明暗法との絆を結び直すこととなった。『陰翳礼讃』〔一九三三―四年〕

において谷崎は次のように述べている。
「大阪の通人《つうじん》に聞いた話に、文楽の人形浄瑠璃では明治になってからも久しくランプを使っていたものだが、その時分の方が今より遥かに余情に富んでいたという。私は現在でも歌舞伎の女形よりはあの人形の方に余計実感を覚えるのであるが、なるほどあれが薄暗いランプで照らされていたならば、人形に特有な固い線も消え、てらてらした胡粉《ごふん》のつやもぼかされて、どんなにか柔らかみがあったであろうと、その頃の舞台の凄《すご》いような美しさを空想して、そぞろに寒気を催すのである。」〔『谷崎潤一郎随筆集』岩波文庫、一九八五年、二〇四―二〇五頁〕

ガブというのは、若くて美しい女性に用いられる人形の真っ白なかしらの名前で、たとえば『日高川入相花王《ひだかがわいりあいざくら》』(一七五九年)の清姫《きよひめ》に用いられる。だが、顔立ちの整った美しい顔にだまされてはいけない。布で隠れた首のある特定の場所を指で押すだけで、美しい顔は一瞬にして鬼女へと変貌を遂げる。両眼は飛び出し、角と牙をむき出した容貌へと変わるのだ。

夜警が通りすぎた後に残る真っ暗な闇。

血みどろのものたち

「なんでも文楽あたりでは残忍であるとかみだらであるとかいう廉《かど》で禁ぜられている文句やしぐさを、淡路では古典の姿を崩さず、今でもそのままにやっている、それが非常に変わっているという話を老人は聞いて来たのであった。たとえば玉藻《たまも》の前なぞは、大阪では普通三段目だけしか出さないけれども、ここでは序幕から通してやる。そうするとその中に九尾《きゅうび》の狐が現われて玉藻の前を食い殺す場面があって、狐が女の腹を食い破って血だらけな腸《はらわた》をくわえ出す、その腸には紅《あか》い真綿《まわた》を使うのだという。伊勢音頭では十人斬《ぎ》りのところで、ちぎれた胴だの手だの足だのが舞台いちめんに散乱する。奇抜な方では大江山《おおえやま》の鬼退治で、人間の首よりももっと大きな鬼の首が出る。

「そういうやつを見なけりゃあ話にならない。……」」〔谷崎潤一郎『蓼喰う虫』、二〇七頁〕

ここで語っているのは老人である。この老人は巡礼の旅にでも出るかのように、「人形村」の異名を持つ市村《いちむら》に出かける。住民はそう名付けることで、人形浄瑠璃はここで生まれたのだと言いたかったのだろう、五〇〇年以上前のこと、本州と四国を結ぶ橋のようにそこにある淡路島において。淡路島は、渦潮によって鳴門海峡の方に流された大地のかけらのようにも見える。鳴門海峡の渦潮を見るため多くの観光客が訪れるが、おそらく、歌川広重〔一七九七―一八五八年〕の『六十余州名所図会《ろくじゅうよしゅうめいしょずえ》』〔阿波　鳴門の風波〕に描かれているということもあってのことだろう。野外に設営された芝居小屋に人々は集まってきたが、雨ざらしであることが多いそういう大衆的な小屋は、田舎にたくさんあって、谷崎が『蓼喰う虫』を執筆した当時、まさに全盛期にあり、市村という小さな村だけでも人形浄瑠璃の座が七つもあったのだ。といっても、江戸時代の隆盛には遠く及ばない。江戸時代初期には、多くの人形遣いが、全国を行脚して、天皇の元にまで興行に出かけていたのだから。一八世紀初頭には、淡路には四〇を超える芝居小屋があったともされ、文化年間（一八〇四―一八年）の調査によれば、文楽の伝統が生まれたこの土地において、淡路島の中央にある、聖地とも言うべき市村の八幡大菩薩周辺では、当時の全一四四世帯のうち三分の二が人形遣いであったという。

誕生、そして再生。植村文楽軒によって、一八世紀末に文楽は第二の息吹を得たが、植村は淡路の出身であった。

時の経過と共に、こうした伝説的起源の真価が理解されるようになってきた。たとえばジェーンマリー・ローが〔『神舞い人形　淡路人形伝統の生と死、そして再生』(一九九七年)において〕いみじくも指摘しているように、淡路の芸術的名声が早くから確立したのは、この地が神話的なものであったことが大きい。『日本書紀』や『古事記』といった世界創生の壮大な物語において、淡路島は、日本列島を構成する八つの島のうち最初にできた島であるとされる。これらの島は、伊弉《いざ》諾尊《なぎのみこと》と伊弉冉尊《いざなみのみこと》が交わって生まれたものとされる。ある地域に伝わる伝承によれば、淡路島は、列島の母胎ともいうべき磤馭慮島《おのころじま》と関連づけられてもいる。この島は原初の水が天瓊矛《あまのぬほこ》と触れ合うことで生まれたとされるがゆえに、まさに世界の臍的な存在であり、「自凝島《おのころ》、すなわち自然に凝ってできた島」なのである。

そもそも、淡路の人形遣いは、他の土地からやって来たということが知られている。大坂と神戸の間に位置する北西の地、西宮の聖地からやって来たのである。この地で生まれた人形芝居、旅芸人の芝居は、早くも九世紀の時点で、恵比須《えびす》によって引き起こされる災厄(干ばつ、飢饉、疫病)から人々を守るとされる儀式と結び付けられてきた。そのはるか以前より、粘土の小さな人形を作りお祓いをするというようなことはなされていて、その伝統は中国に遡る。最初は粗雑なものであった人形の手足がよく動くように改良が加えられ、顔にはいろんな色が塗られた。こうした「仲介者としての身体」に人々が求めたのは、神が引き起こすという害悪をすべて人形のうちに閉じ込めて、人形を踊らせることで、今度は、別の空間、聖域を創り出し、神の怒りを鎮め、あわよくばその怒りを解くことであった。

恵比須は醜く、手足が不自由で、耳も聞こえず、片目で太っていて、両性具有者であり、いわば周縁的な神である。恵比須は後に、『古事記』に登場するもう一人の不具者、蛭子《ひるこ》（伊弉諾《いざなぎ》尊《のみこと》と伊弉冉尊《いざなみのみこと》の最初の子）と同一視されるようになるが、これは象徴的である。蛭子同様、恵比須もまた追放され、誰からも認められた神というには程遠い。混乱を引き起こす二つの力が手を結んで人間の共同体に戻って来る。自分たちをあまりにも早計に遠ざけた人間たちに思い知らせるために。混沌とその一群を押し込め、秩序から遠ざけようとすれば、罰が下されるのだということを人心に知らしめるのである。恵比須は思いがけない形で、奇妙で恐ろしい姿で、人間の形をした石となって、あるいは死骸として漂流し、人間の前に姿を現したという。（蛭子の聖地でもある）西宮神社の縁起譚では、恵比須像を漁師が再び引きあげたことが物語られている。腹をすかした男は、恵比須像を海の中に投げ入れたが、その像がもっと先のほうでまた網に掛かっているのを見て、そこに何かおしるしがあると思い、その像を家に持ち帰り、信仰を捧げることにした。すると恵比須が夢に出てきたのみならず、その恐怖は何度も繰り返された。しっかりとした土地に祭壇を作って欲しいと恵比須が求めたのだった。

老人はござに座っているが、その下の湿った地面の苛酷さを身にしみて感じつつ言う。「そういうやつを見なけりゃあ話にならない」と。この言葉の何かがひっかかる。再読してみて私は絵《え》金《きん》〔一八一二―七六年〕の不思議な作品について思いを馳せずにはいられない。淡路からそう遠くない、同じ四国の高知県には絵金の美術館がある。一八四四年、(不当にも)偽作の疑いをかけられ糾弾された絵金は、放浪生活を余儀なくされ、在野の絵師として細々と暮らしたが、人形芝居の一座と生活を共にした時期もあったと見られ、したがって、浄瑠璃にも親しんでいたと思われる。放浪生活の後、腰を落ち着けてからの絵金は、浄瑠璃の最も過激な逸話を二曲一隻の屏風絵数十の題材としているが、そこには彼が以前教えを受けた学術的な手法との断絶が見え、切り落とされる頭、えぐり出される臓器、罪なき者たちの毒殺や虐殺、拷問、狂気、混沌が描き出されている。絵金の修業時代は、文楽一座と交わることで完成したのだ。ちょうど、ゲーテのヴィルヘルム・マイスターの修業時代が、旅役者一座に加わってドイツを横断してハムレットの役を演じることで完成したのと同じように。絵金が描いたのは人の身体であり、人形ではない。絵金の絵には、ほとんどロマン派的と言ってもよいほどの苦悩が溢れている。けれど、それを越えた何かがここにはある。絵金のイメージを覆い尽くしているのは、浄瑠璃の世界の原理そのものであって、これが非現実的な光の下に描かれているのだ。それなしでは浄瑠璃が浄瑠璃であることをやめてしまうもの、そう、執拗なまでの激しさがここにある。

「そういうやつを見なけりゃあ話にならない」というこの強い表現を谷崎が使ったのは、谷崎自身の心の動きをいくらか反映したものではなかろうか。この小説が一九二九年に単行本として刊行されてから三〇年以上の歳月を経て谷崎は、青春時代における文楽との最初の出会い、そして関東大震災後の出会いについて述べ、それが衝撃的な体験であったと語っているからである。二度目の文楽体験となった『岸姫松轡鑑《きしのひめまつくつわかがみ》』（一七六二年）について谷崎は次のように述べる。「頗る残酷な、子供が斬られたり苦しがつたりする光景が多〔い〕」〔「浄瑠璃人形の思ひ出」『谷崎潤一郎全集』第二三巻、中央公論社、一九八三年、四一〇頁〕。公演のあまりの残酷さに耐えかねて谷崎は早々に席を立ち、人形浄瑠璃から足が遠のいた。けれど間もなく、まるで磁石に引き寄せられるようにして文楽の舞台に戻ったのは、そうした残酷な行為が他ならぬ人形に担わされることで心を惑わす雰囲気を醸し出しているからであって、生身の人間ではとうてい創り出せない存在感を人形が生み出しているためではないかと推測して、谷崎は次のように述べる。「たとへば「伊達《だて》競阿國戲場《くらべおくにかぶき》」の絹川堤土橋《きぬがはづゝみどばし》の段のやうな凄味は俳優の演じる舞台では到底表はせるものではない。「朝顔日記」の「濱松小屋」の段に於いて乳母の淺香が惡漢と渡り合ふ血みどろの場面。二つの人形の顔と足とがカチカチ觸れ合つて割れさうになるほどの激しい立ち廻り」〔前掲書、四一一頁〕。

〔「そういうやつを見なけりゃあ話にならない」と断言する〕『蓼喰う虫』の老人は、ことさら辛辣な言葉遣いをしているわけではない。文楽に関するどんな言説も、文楽の激しさを押さえつけることはできない。断言するような強い調子に私はどうしてもひっかかってしまうのだが、老人がこのように言いきるのは、ちょうどこの時谷崎自身が美的転回の一つの（決定的な？）段階に差し掛かっていたためではないか。そしてこれが小説の中では、主人公要《かなめ》の手さぐりの道程として描かれたのではないか。都会の慎み深いよき趣味が部分的に排除してしまったものを見たいという願いに谷崎がかられているのに対し、要もまた浄瑠璃に対してかつて抱いていた嫌悪感が消えたことに不意に気付いて驚く。かつては、浄瑠璃の劇的表現や状況の過剰にあれほどの嫌悪感を覚えていたというのに。

ただここで私が問題にしたいのは、何が谷崎を駆り立てて、原始的な力の激発をこれほどまでに称揚したのかということではない(そもそも、谷崎は文楽を全面的に称揚したわけではない。ちょうど歿年に刊行されたこのテクストにおいて文楽の価値を擁護したその数行後で、文楽の「不自然さ」を非難しているのだから)。そうではなくて、私がここで知りたいのは、演劇の論理に関わることである。つまり、文楽で培われた装置によって、主として文楽が、人間の最も激しい狂気の表現へと向けられていったのはなぜか、その理由を知りたいのだ。谷崎の初期作品(『恐怖時代』一九一六年)はあまりに血なまぐさいものであったため、発禁処分を受けて回収される次第となったが、谷崎には直感的に分かっていたのだろうか、〔文楽における〕このような感情の激発の瞬間には、テーマ的自己満足以上のものがあることを。そこにあるのはむしろ芝居の象徴であり、俳優の身体が追放され、人形という人工物の介在によってようやく、人間についてのすべてが、手のつけられない欲動の数々に翻弄される人間についてのすべてが、明るみに出されるのだ。

セルゲイ・オブラスツォフは『人形劇芸術について』において次のように述べている。「人形ならば表現できて、人間には表現できないものとは何だろうか。人形の力の源は何か。どれほど奇妙に思えても、人形には生命がないということこそが人形の力の源なのだ」。

『伊《い》勢《せ》音《おん》頭《ど》恋《こいの》寝《ね》刃《たば》』の十人斬りの場面では、首が切断され、手がもぎとられる。その手はついさっきまで、燭台を持って先導役を務めていたというのに。鳥小屋で喉を掻っ切られる鴨のように、すぱっと切り落とされる足。切断された身体はすべて、舞台前面、一列目の客席のほとんど目の前に投げ出される。ダメ押しのようにしてこれ見よがしに観客の目の前に突き出された身体の断片は、舟底に飲み込まれていく。文楽はなぜ、これほど無邪気に切り刻まれた身体を好むのか。切断された身体への文楽の好みを私は文楽の皮肉まじりで無造作な態度を真似て、切り売りされる細部とでも名付けたい思いがする。

切断への好みは、文楽において早くから見られた。一六一四年、後陽成院《ごようぜいいん》の御前で演じられた初期の人形浄瑠璃は、厳格で節度を守った能になじんでいた宮廷の貴族に大きな衝撃を与え、これを見た人がこの上演について日記にとどめている。孤児となった姉弟〔天寿姫とその弟〕は両親の七回忌の供養のため自分たちの肉体を鷹の餌食として売って金に替えようと決意する。大満《だいまん》長者《ちょうじゃ》の子は不治の病に冒されているが、〔その子と同じ日時に生まれた〕天寿姫の生き肝を不老長寿の妙薬〔保命酒〕で清め食べさせれば、その病も癒えるという。天寿姫は、肝臓を犠牲にすることを承知するが、阿弥陀如来像が身替わりとなり、自らの胸を切り裂いて臓器を差し出し、この少女を救う。これが『阿弥陀胸割《あみだのむねわり》』第六段を締めくくるイメージである。奇妙なイメージだ。どこか他の場所からやって来たかのような奇妙なイメージ。神が自らの身を切り刻み、血を流し、ほどこす贈り物の前に、民衆たちが集まり、ひれ伏す。文楽についての古典的著作の中でドナルド・キーンは、和辻哲郎の仮説を引いて、この筋書きは、キリスト教の影響を受けているのだろうと言う。チャールズ・J・ダンが示す手掛かりは、より確かで、より刺激的であり、後の版では、恐怖のスペクタクルとしての側面が強調され、センセーショナルなものとさえなっていると指摘している。つまり、人形という媒体の可塑性をうまく利用した演出が見られるというのだ。たとえば一六六〇年版では、さらに視覚的なショックをもたらす演出がなされているが、なかでも特筆すべきものとして、切断された首が突如天空へと登っていく場面が挙げられる。

林羅山《はやしらざん》〔一五八三―一六五七年〕は、一六四七年、人形浄瑠璃を見た。中国の奇譚の翻訳紹介を行ったばかりか、当時の演芸にも大きな関心を寄せ、この時に見た人形浄瑠璃についても熱狂的に語っている。舞台には様々な人物（男も女も、僧侶も武士も）が登場し、舞踊も満載、神々が次々に登場し、驚くべき変身の場面もあれば、武士の戦いも多く描かれている。それに、この時代に早くも武士の首は身体から切り離されていたのだという。

『伊勢音頭恋寝刃《いせおんどこいのねたば》』のある細部（美術批評家ダニエル・アラス〔フランスの美術史家、一九四四—二〇〇三年〕は「細部」こそが「喜びの凝縮したエッセンス」だと言う）が私の心を奪った。福岡貢《みつぎ》は、阿波の国の主君のために取り戻し届けるべき名刀が偽物にすり替えられたと思い怒り狂うが、そのときの装束は白色である。貢が切り捨てていく犠牲者の数が増えるにつれて、貢の着物は不幸な犠牲者の血で少しずつ汚れていき、しまいには紅に染まる。血？ いや、血と見えるものは、小さな赤い布切れで、無邪気なまでの血の幻想を与える。舞台転換の度に、黒衣が正確な手つきで、絹や木綿の赤い布切れをいくつもいくつも付けていく様子を私は思い描く。狂気にとりつかれた男が狂乱の体で、自分と同様箍《たが》が外れた空間を突き抜けていくのを巧みにかわしながら黒衣がこの作業を行っている様子が目に浮かぶ。本物の刀ではないものに切られて生身の人間の身体ではないものから噴き出すこの偽の血は、本物の血を使った公演では望むべくもない喜びを私に与える。エリザベス朝時代の舞台においては、子牛や羊の血がふんだんに使われたということだし、その他にも様々な代用品が用いられ、たとえば、コーチシナから輸入された赤い木材を煎じたものが一九世紀末の歌舞伎で多用されていたという。歌舞伎『伊勢音頭恋寝刃』の初演時に、これほど夥しい流血の場面にどのような血糊が用いられたのか知るよしもない（膠《にかわ》や布《ふ》海苔《のり》を着色したものだろうか）。だが、歌舞伎のこの演目をその約四〇年後に文楽のために脚色したものにおいても、この流血場面の劇的効果は何一つ失われることはなかったと私は確信している（この作品は、歌舞伎の演目が文楽に移された稀少な例の一つだが、作者はこの作品をそもそも人形浄瑠璃のために書いたのである）。いやむしろ、この場面は文楽に移されることでその劇的効果がさらに高められたとさえ思える。幻影というのは、血糊に絡め取られるよりむしろ、これ見よがしに遠ざけてこそ十全に味わえるのだから。真っ白なページには死のしるしが溢れ、そこにあるのは血ではなくエクリチュールであり、流血ではなく胸を刺す痛みであって、ゆっくりと静かに進行する仕掛けによって深いところから長い廊下が立ち現れてきて、大虐殺の最後を飾る闘技場と化す。

この小柄な老女、慎ましやかな身なりで、人のよさそうなこの女性の名前は岩手《いわて》。じつは鬼女である（今日この老女に命を吹き込むのは桐竹勘十郎で、見ている方は息をつく暇もない）。この老女は野原の真ん中の一軒家に暮らし、旅人たちに宿を提供し、旅人を餌食としている。ある一組の夫婦がやって来て宿を求める。恋衣《こいぎぬ》が産気づいたため、夫の伊駒之助《いこまのすけ》は医者を呼びにいく。生駒之助を送っていくと見せて老婆はすぐに小屋にとって返し、恋衣に襲いかかる。骨や頭蓋骨がひしめく落とし穴をまさに発見したところの恋衣に襲いかかった老婆は、恋衣の腹を裂き、胎児を取り出す。『奥州安達原《おうしゅうあだちがはら》』のこのおぞましい場面は、人々に強烈な印象を与えたため、多くの錦絵の題材となったのだと幕間休憩の時に教えられた。絵金もまたこの場面を描いているが、鬼女が手にした短刀の切っ先が恋衣の腹をまさに切り裂くその瞬間で絵筆を止めていて、恋衣が激しくよじる白い肢体に赤い血が数滴流れている。文楽は、惜しみなく描き出すと同時に写実性にはそれほどこだわらない。恋衣の腹の中から胎児が引き出される場面では客席全体に恐怖の波が広がっていったのに、見るからに急ごしらえの茶色の小さな布のかたまりが現れると、安堵のようなものが広がっていった（岩手をこの行動に駆り立てた動機についてはここでは詳述しない。ある子供を救うために、別の子供を殺さなければならないのだ、とだけ言っておこう。その先例としては『阿弥陀胸割《あみだのむねわり》』がある）。

細部をもう一つ。

ある身体が別の身体から切り離される。『壺坂霊験記《つぼさかれいげんき》』（一八七九年）は少々お涙頂戴的なところのある芝居だが、盲目の男〔座頭沢市《さわいち》〕とその妻〔お里《さと》〕が次々と谷底に飛び込む〔自分の目が見えるようになるよう毎晩壺坂寺の観音に祈願してくれている妻に感謝しつつも夫は目の見えない自分をはかなんで谷底に飛び降り、妻も後を追う。この夫婦愛に感じ入った観音は二人を蘇生させ、夫の目も治す〕。まだ祈りの姿勢をとっている人形を三人の人形遣いが虚空へと突き落とすその瞬間を私はありありと思い出す（人形がまるで自発的に飛び込むかの幻想を生み出すことが必要なのだ）。まさにこの瞬間、人形の身体は軌道から外れ、重力に身を任せて、自分自身へと委ねられる。このほんのわずかの間にこそ、人形には最大限の生が宿るのである。

塩冶《えんや》判官が流すのは自らの血であるがゆえに、その血は目に見えず、彼がまとっている白い着物(「すっかり血の気のひいた青にうっすらと染まっている」とモーリス・パンゲは〔『自死の日本史』(一九八四年)において〕補足する)は血に染まらないのか。

この「残酷演劇」を「自決」と結び付ける絆、実り豊かなものと言ってもよいこの絆をパンゲは強調するが、私も同感である。「〔先行作の作者〕近松も、〔『仮名手本忠臣蔵』の共同〕執筆者たちも、舞台芸術が着想を与えたように思われる場面を舞台上に復元したまでのことだ」と述べるパンゲが思い浮かべたのは、主君を奪われた四十七士が、皆一様に仇討の意図を隠して(余計な疑いを招かぬよう)上辺をつくろっていた様子なのだろうが、切腹という行為にまつわる演劇性が刻印された次第もまた念頭にあったのではないか。

『仮名手本忠臣蔵《かなでほんちゅうしんぐら》』(一七四八年)において、塩冶判官切腹の場面は、緩慢さと儀式的厳密さがまさに印象的である。塩冶判官切腹を見届けるため派遣された高師直《こうのもろなお》の使者らは、小さな台をちょうど舞台中央、その核とも言える場所に置き白い布で覆って、そこに死の空間をしつらえさせる。こうして、切腹という最後の行為の周辺に空白が形成される。さしたる広がりを持たないこの四角い空間、そこに塩冶判官が跪いているこの空間が、一五分間ずっと登場人物の視線を引き付ける。登場人物は身動きだにせず、左右対称に配置されて、あとは死を待つばかりのこの身体を取り囲んでいる。登場人物ばかりか観客の注意もすべてこの身体へと向けられる。私は太夫と三味線から目を離さぬよう努めているが、前代未聞のことながら、切腹の準備が整えられていくとき、太夫と三味線もまた動きを止めて、切腹が行われるまでずっと沈黙している。空白と沈黙。(切腹という一つの行為にすべてが集約していき、これによる求心的な動きによって他の部分が削られていくさまは、映画でも見られる。小林正樹の映画『切腹』(一九六二年)においても、同様の舞台美術が見られ、人気のない無機質な空間が感じられる)。芝居全体がある一点に集約し、というよりむしろ、無限の逃走をしているのだろうか。いずれにせよ、芝居全体が集約するその一点には、とんでもない密度があり、その一点に今や聖なる刀〔「予《かね》て用意の腹切刀《はらきりがたな》」〕の切っ先が狙いを定めているが、その一点こそが「腹」なのであり、臍の数センチ下のところにある「腹」は、あと数秒後には崩れ落ち、潰走するばかりとなっている。

だが血がほとばしることはない。血も内臓もまるで吸い取られたかのようで、緊張や激しい恐怖もろともに、集団的想像力の湾曲部、ブラックホールに吸い込まれてしまったかのようだ。死は目に見えず、人形の腹の中には何もない。これこそ、芝居が終われば散り散りになることが定められた束の間の共同体が見にやって来たものなのだ。

芝居の後に立ち寄った賑やかな居酒屋で安藤さんは私に教えてくれる。「『仮名手本忠臣蔵』は、歌舞伎の花形役者の活躍で人気が出たために、人形浄瑠璃としての起源がかすんでしまった多くの作品の一つでね、それは日本においても外国においても変わらない。ヨーロッパにおいてメイエルホリド〔ソ連の演出家、一八七四―一九四〇年〕、スタニスラフスキー〔ソ連の演出家、俳優、演劇理論家、一八六三―一九三八年〕、エイゼンシュテイン〔ソ連の映画監督、一八九八―一九四八年〕の前で初めて上演されたときも、歌舞伎としての公演だった。そもそも、歌舞伎の半数ほどは、文楽からの脚色なんだ。その逆は真ならずで、歌舞伎から文楽に脚色されたものはきわめて少ない。明治時代の西欧化を待つまでもなく、歌舞伎は隆盛を極めるようになったのに、人形浄瑠璃は不当な扱いを受けてきた。文楽は、物語はもちろん芝居という点でも巨大な宝庫なのにだよ」。

文楽と歌舞伎の関係というこの問題が私にはひっかかる。両者はライバル関係にあるのか。いやむしろ両者ともに、日々商業的制約に晒されながらも互いに寄り添い、もたれあって発展してきたように思える。河竹登志夫は、二つのジャンルの源流が異なるため、一般に言われているような、両者を「姉妹芸術」とする考えは退けるべきとしつつも、両者を結び付ける多くの繋がりについては強調し、これらが、二つのタイプの劇作術の確立に寄与したのだと言う。丹波明もまた同じような精神に基づいて、義太夫節が歌舞伎に浸透したのは、薩摩外記《げき》のような太夫の働きによるところが大きいし、後には（一八一〇年代に、二つの個別のスタイルに決定的な分裂を見るまでの間）歌舞伎にとって不可欠の要素となったことを想起している。ミシェル・ワッセルマンによれば、文楽の演目が歌舞伎に取り入れられたり、文楽の技術が歌舞伎に取り込まれたりするといった現象は、歌舞伎を長く存続させたいという意志の表れであると同時に、歌舞伎が「真の音楽劇」となるための進化を促す誘因となったのだという。つまり、文楽をモデルとして歌舞伎は発展してきたのだ、と。竹本座はこうした役割に進んで甘んじてきた。その証拠に、文楽の流通は比較的早く（一七〇八年）から始まっており、大坂の竹本座は、『義経千本桜』（一七四七年）が大当たりをとった翌年にはもう、江戸に十人の代表団（太夫、三味線、人形遣い）を送り込んで、この作品の歌舞伎版の稽古に入っていた中村座に力を貸している。じつはこのような協力関係はさらに古くに遡る影響関係に基づく。初代市川団十郎〔一六六〇—一七〇四年〕は、一七世紀後半の数十年において、子供の頃見て心を奪われた人形芝居の型を歌舞伎に持ち込むことを個人的に思い付いたのだが、その流れが発展して、いわば公的なものになった末に、このような協力関係が生まれたのだ。力強い演技、抑えきれぬほど激しい所作、燃えあがり耳をつんざくような朗誦。最も有名な太夫、桜《さくら》井《い》丹波少掾《たんばのしょうじょう》は、鉄のスティックでリズムをとったが、そのスティックは、筋書きのクライマックスに人形の首を落とすときに使うのと同じものだった。人気を博した文楽のこうした特質が歌舞伎の舞台へと移されて、やがて父から子へと継承されていく。共に進化し（この間〔一六八四年〕竹本義太夫が竹本座を創設した）、大衆の人気を分け合っていた二つの芝居の伝統を締め直し、綜合しようとしたのが二代目市川団十郎〔一六八八—一七五八年〕であった。したがって、荒事のように、江戸歌舞伎のトレードマークとなるはずのはちきれんばかりの荒々しさは、文楽への参照なしには構想され得なかった。どんな激しい動きもこなす人形の姿、地に足をつけることなど考えもせず、究極の動きを求めて並はずれた動きを見せる人形の姿に接した歌舞伎役者は、自らの枠を踏み越える身体、身体的限界を打ち破る身体に出会ったのである。まさに絶妙のタイミングであった。ワッセルマンが指摘するように、折しも、徳川幕府が江戸において多くの臣民を弾圧している最中、その反動として現れてきたとも見える狂乱の身体とでも呼べそうなものがそこに出現したのだ。

細部をもう一つ。

男の人形には六種類の足があるが、女の人形には一つしかない、それもごく稀にしか用いられない。『曾根崎心中』において、徳兵衛はしばしお初の片足を抱き締めるが、それは心中の決意が初めて口に出されるのと時を同じくする。「足首取つて喉笛なで。自害するぞと知らせける」〔井口洋校注『曾根崎心中』、『新 日本古典文学大系九一 近松浄瑠璃集 上』(岩波書店、一九九三年) 所収、一二一頁〕。この場面のイメージの美しいこと。お初は縁側に座って足をたらしていて、縁の下には徳兵衛がいる。お初は打掛けのすそで徳兵衛の姿を隠しているのだ。人形の後ろには黒衣が控えていて、お初の足を足遣いの手に滑り込ませる。その足はお初の着物の下へと消え、最後には、徳兵衛の手の中に収まって、徳兵衛の喉笛で愛撫された後、黒衣の手に返され、闇に葬られる。

この小っぽけな足は、女の人形の足としての稀少な例だが、今夜は(ルイス・ブニュエル〔スペイン生まれの映画監督、一九〇〇—八三年〕の映画)『黄金時代』(一九三〇年) の彫像の足の親指を思わせる強烈な白い輝きを放っていた。

いたるところに、あらゆる方向に描かれている人々の姿。馬に乗った人、足のない人、世捨て人、釣り人、旅人、荷役人足。相撲取りはあらゆる姿勢をとり、曲芸師はあらゆるポーズをとっている。大工は梁の上でバランスをとり、あるいは身を後ろへそらし、あるいは逆立ちをしている。身体を伸ばして眠っている者、鉄床をまたいで両足を大きく開いている鍛冶屋、二つの家の間に見える担ぎ人足、二つの杖をついている老人、鍬を手にした農民、三味線を手にして野山に遊ぶ遊女。桶屋は桶の中で作業し、ガラス職人はガラスに息を吹き込み、射手は狙いを定め、弓を引き絞る。水夫は水に潜り、泳ぎ、錨を上げる。所在なげな武士は、正面を向く者、横向きの者、後ろ向きの者と様々だ。商人はこちらに四分の三だけ顔を向けている。名士、賊、不格好な妖怪に幽霊、箒を手にした男。そして同じページにひしめくように描かれている男たちの中には、毬や扇子を手にした者、水浴びをする者、餅をつく者、旗を掲げる者、二人、または三人、五人で組み合う者、小鳥でも、博識のご仁でも、棒でも、籠屋でも、何でも手玉にとる者。そして同じ空間に、何の背景も配さずに描かれている読書する女たちは、歩きながら読書していたり、書見台を前にしていたり、うつぶせだったり、脇を下にして寝そべっていたり、身体を丸めてふくらはぎと肘を地面につけていたり、箱の上に座っていたり。これと肘を接するように描かれている女たちは、しゃがみこんでいたり、後ろを振り返っていたり、髪を結い直していたり、腕に籠を持っていたり、ぼんやりしていたり、両膝を顎につけていたり、身体を洗っていたり、馬に乗っていたり、赤ん坊をおぶっていたり、提灯を下げていたり。祭りでごった返す人の群れが生き生きと描かれている。酒を飲む者、ふざけ合う者、街角、御殿、工房の光景。そこに描かれている者の手足は無数の動きを見せ、おどけた顔などじつに様々な表情を見せる。『北斎漫画』(全一五編のうち第一編の刊行は一八一四年)のさっき見た絵では、編笠《あみがさ》で顔が隠れた踊り手のポーズが三三も描かれているが、これは、『北斎漫画』においては、演劇同様、汲み尽くせないほどの身体美こそが探究されていることを物語る。

歌舞伎に話を戻そう。三代目中村歌右衛門〔一七七八―一八三八年〕主導の下、一八世紀と一九世紀の変わり目において、歌舞伎の演目のいくつかの場面が「人形振り」を取り入れたのは、歌舞伎による文楽への敬意の表明と考えてよいのか。今日なお、配役表に名前のある役者が黒衣を脇に引き連れて登場し、これに操られているように見せることがあるが、この黒衣が場合によっては、兄弟子によって演じられる時もあり、そういう場合にはこの黒衣は顔を隠したりせずに弟弟子を操って見せる。これなどまさにユーモアの極致ではないか。(歌舞伎と文楽が絡み合っていることを示す特徴的な例を一つ挙げておこう。『恋女房染分手綱《こいにょうぼうそめわけたづな》』は近松門左衛門の浄瑠璃を書き換えたもので、人形遣い吉田冠子《かんし》が三好松洛《しょうらく》と合作したものだが、一七五一年〔二月〕に大坂〔竹本座〕で初演されてすぐ〔同年七月〕に江戸〔中村座〕で初演されている)。

他者を歩かせているその人物は何者か。

ここでもまた、その根は深い。一六六〇年代以降の歌舞伎役者の多くがそうであったように、中村歌右衛門もまたちんこ芝居に学んだが、そこでは、人形の機械的な動きがいたるところに見られた。ちんこ芝居から中村歌右衛門が学んだ多くの技術のうち特筆すべきは、「首振り芝居」という示唆的な名前で呼ばれるものである。

かつてのボワローに倣ってディドロもまた、同時代の劇作家に対して、「シェイクスピア的殺戮」に拒否反応を示す繊細な観客への配慮を求めている。

「こうした魂は、暴力的な衝撃に耐えられない。だから彼らにあまりにも過激なイメージを見せないよう配慮しなさい。次のようなものを示すならそれもよいが、

父親を殺めたその血をしたたらせている息子が

父親の首を手にしてその報酬を求めている

〔コルネイユ『シンナ』一六四二年、第一幕第三場〕

それ以上深入りしないことです。」〔ディドロ『俳優に関する逆説』一七七三―八年、ただし公刊されたのは一八三〇年〕

『菅原伝授手習鑑《すがわらでんじゅてならいかがみ》』（一七四六年）「寺子屋の段」に虐殺の場面があるわけではない。それどころか「首実検」は、当時の武家社会において厳密に体系化されていた。首実検は古くからの慣習であり、『平治物語』（一一五〇年頃の平清盛の軍事的台頭を主題とした物語）全編を通して複数

のパターンが見られる。死と儀式のこのような結び付きが谷崎の心を捉えないはずはなかった。こうして谷崎はそれから八世紀後に『武州公秘話《ぶしゅうこうひわ》』〔一九三一—二年〕において同じ主題を扱うのだが、法師丸《ほうしまる》の猟奇趣味を物語る手法はパロディーの色調を帯びている。戦場に出ることを禁じられている法師丸に対し屋敷のある女性がまるで神に遣わされたかのように救いの手を差し伸べる。この女性のおかげで法師丸は「名ある勇士の屍《むくろ》だけでも、首級だけでも、見たい」という欲望を叶えるのだ。

「老女は声をひそめて云った。そして法師丸にこんなことを話した。と云うのは、近頃毎晩のように、自分たちの仲間から五六人の女が選ばれて行って、討ち取った敵の首級を、首帳と引き合わせたり、首札を附け替えたり、血痕を洗い落したり、そんな役目を勤めている。首と云うものは、名もない雑兵《ぞうひょう》のものなら知らぬこと、一廉《ひとかど》の勇士の首であったら皆そう云う風に綺麗に汚れを除いてから、大将の実検に供えるのである。だから見苦しいことのないように、髪の乱れたのは結い直してやり、歯を染めていたのは染め直してやり、稀には薄化粧をしてやるような首もある。要するに、なるべくその人が生きていた時の風貌や血色と違わぬようにするのである。此のことを首に装束をすると云って、女の仕事になっている〔……〕。」〔『武州公秘話』巻之二、中公文庫、一九八四年、二〇〇五年改版、三四頁〕

『菅原伝授手習鑑』の舞台上にあるのは武士の首ではなく、子供の首である。藤原時平《しへい》に仕える松王丸《まつおうまる》は、時平の不倶戴天の敵菅原道真（菅丞相《かんしょうじょう》）の息子、菅秀才の首を検分する役目を仰せつかっている。ところが松王丸の父親はかつて菅原道真に恩義を受けており、その恩義は息子である松王丸が父に代わって返さねばならない（忠義は、その忠義を直接的に果たすべき者が死んだ時点で解消されるわけではなく、三代にわたって継承されていく）。したがって藤原時平に知られぬように菅秀才の命を助け、なおかつ時平の下劣な企みもまた満足させてやる必要がある。松王丸にはたった一つの解決策しかない。自らの子供を身替わりに立てて、我が子の命が奪われるのを受け入れること。首実検の瞬間は容赦なくやってきて、ことのほか痛ましい。父親は無情を装わなければならないし、目の前にあるのは敵の末裔の首ということになっているのだから。（デイヴィッド・ノーマン・オルソンは、首実検について、将軍の首の場合「首との対話」と呼ばれていたと述べる）。父子の対面は、心を揺さぶる瞬間である。強い感情を引き起こすだけでなく、とりわけ幻想的な演劇性に満ちているからだ。シルクハットほどの大きさの白い首桶が白木の台に据えられて、舞台中央に跪いている松王丸の前に置かれる。覆いは取り払われ、首は視線の対象とならねばならない。観客席の私は、初演当時の観客が味わったであろう共同体的感情を思い描いてみようとする。彼らもまた松王丸と同じように跪いた畳からこの巧妙な仕掛けを見つめていたのだ。舞台の上にもう一つの舞台、ミニチュアで持ち運びのできる舞台が出現したのだ（ちなみに日本の舞台で幕が初めて登場したのは一六六四年のことである）。松王丸は首桶の蓋を開け、懐紙で血を拭い、我が子の亡骸をじっと見つめる、身の毛もよだつ思いで。

だが何が突然起こったのか。

この場面の意味は余所へと横滑りしていくように思われる。もっと遠くへ、私が思ってもみなかった方に。

首実検を終えた松王丸は去っていき、松王丸に激しい苦痛を与えたあの首桶もあっという間に遠ざかる。舞台上にはもはや幻影を生み出すものは何も残っておらず、（といっても幻影がすっかり拭われたわけではない）この空間には〔源蔵《げんぞう》夫婦の〕二体の人形の頭だけが取り残され、まるで陶製の一対の犬のようにじっと顔を見合わせている。私たち観客もまたそこにいて、〔松王丸が我が子の首実検を行った〕あのはかない対面のことを考え続けている。人形は何を考えているのか。木は何を思うのか。生命を持たぬこの存在は、死を前にしてどのような思索を行っているのか。そもそも自ら身体を動かすこともかなわず、内に抱える空虚をさらけ出すかのように突如凍り付いたあの表情の下には、死を前にして、どのような思索がなされているのか。我が子の首を見つめる松王丸と交わされる視線は電撃的で私はやっとのことでこれを受け止める。我が子の首と対面した時に機械的なまばたきをするのは松王丸の人形なのだが、箱の中をのぞくのは私自身の目であり、松王丸の苦悩は私自身の苦悩であり、松王丸の目に映るものをこの私が見るのだ。首桶はあっという間に舞台から消える。だがそれ以上のスピードで松王丸、つまり私の元にまるでブーメランのように舞い戻り、顔面を直撃し、私は思い知らされる、すべては虚しいということを。

突然、私の隣で思いがけないことが起きた。少し年配のご婦人が、丁寧に折り畳んだ小さなハンカチをバッグから取り出して口に当てた。泣いているのだ、と私は思った。声を押し殺して泣いているその姿が薄闇の中で輝いている。だが間もなく客席のあちこちで、小さく身体を揺らす音やかすかなざわめきが聞こえてきた。右手では太夫が身体を揺らし、沸き立ち、鼻を鳴らし、唾を飛ばしている。舞台上では〔『ひらかな盛衰記』の〕遊女梅ケ枝《うめがえ》が身を震わせている。最初はきれいに結われていた髪は不格好なたてがみのようになって、着物も乱れて今にもほどけそうになっている。三味線の音にかきむしられるように身体が痙攣して立っていられない。そして崩れ落ちる。この試練が終わると、私の隣の女性はハンカチをバッグにしまった。タンスから取り出した時のまますきちんと折り畳んで。劇場に出かける前、このような感情に襲われることを予期してこのハンカチを取り出したのだろう。

「〔名にしおはばいざ言問《こと と》はむみやこどりわが思ふひとはありやなしやと　とよめりければ、〕船こぞりて泣きにけり」〔福井貞助校注『伊勢物語』第九段　東下り、『新編　日本古典文学全集一二』（小学館、一九九四年）所収、一二二―一二三頁〕。美しい文章だ。男も女も皆、涙で袖を濡らすという描写は随所に見られるが、その中でもとりわけ美しい。この一節は、素晴らしく短い文章で綴られた語りの詩的な文章から成る『伊勢物語』からとったものだが、『伊勢物語』は、文楽にいくつかの筋書きを提供している。

「涙もろい」、舞台上でも、客席でも。

私自身、狂乱の場面を前にすると、涙が出るというよりむしろ、息が詰まりそうになることがある。狂気の発作は文楽に多く描かれる。身体が衣を息苦しく感じ、もう着ていられないと感じて破り捨てる、そうした激烈な瞬間を描くことに躊躇はない。とりわけ女性の身体に関して。典型的なのが〔『ひらかな盛衰記』の〕遊女梅ケ枝だ。梅ケ枝は愛する源太を救うために禁を破る覚悟を決めている（遊女となったのもそもそも源太のためであった）。けれど地獄のことを考えると狂おしい気持ちになり、動転してしまう。『伊達《だて》娘恋《むすめこいの》緋鹿子《ひがのこ》』（一七七三年）お七の場合は、愛する吉三郎の命を助けるには、死罪に処せられると承知の上で、火の見櫓の半鐘を鳴らして木戸を開かせなければならない、そう理解した瞬間に錯乱が始まる（お七の人形はまるで狂ったように、火の見櫓の凍り付いた梯子を上っていく、自らの弔鐘を鳴らすために）。

ただし、私に奇妙な印象を残したのは『夏祭浪花鑑《なつまつりなにわかがみ》』（一七四五年）の義平次《ぎへいじ》殺しである。特殊な状況が重なって痙攣的なすすり泣きが引き起こされたのだろう。舞台で起こっていることに反応して、私はすすりあげた。二人の人物、団七とその舅が言い争っている。団七は初めから義平次を殺そうと思っているわけではない。願いを聞き届けてくれるよう頼んだにもかかわらず、あまりに見下した態度に出られ、執拗にこちらを辱めて楽しんでいる姿に激し堪忍袋の緒が切れて、刀を抜き相手を傷付けてしまい、義平次が「親殺し」と叫び声を上げるのだ。そこから二人の長く激しい取っ組み合いが始まるが、これは、見事に振付された戦いの場面である（歌舞伎でこの取っ組み合いを際立たせる「見得」は、一三を下らない）。重要な細部としては、二人が取っ組み合いをしているうちに、夏祭りのリズムと喧騒が少しずつ近付いてきて、混じり合うということがある。そして間もなく、同じ音響空間で喜びと恐怖が衝突する。最高潮に達したこれらの場面すべてで重要な役割を果たすのが音楽であり、とりわけ打楽器的音が重要である。三味線の張り詰めた皮に打ち付ける撥《ばち》の音、木の床にたたきつける乾いた音の雨、その一つ一つが耳に響き渡らせるのは、身体が身体に加える暴力的な作用、突き出され、ねじられ、よじられ、震え、ほどけていく身体の音なのだ。この瞬間における人形の姿こそ、最も古風な意味における悪魔つきなのだ。そう、人形は、気圧の谷とも言うべき場所となり、中心から外れ、もはや重力を持たず、そこには猛スピードで突風が吹き荒れる。人形は、むしばまれ、腰が砕け、関節が外れ、リズムに翻弄され疲れ果て、音によって地面から持ちあげられたかと思えば、強烈になっていく音によって地面にたたきつけられ、空中で打ち砕かれ、さらに揺さぶられ続ける。クレッシェンド〔次第に強く〕、スタッカート〔音と音を切り離して〕、アッチェレランド〔次第に速く〕。トランス状態を構成するすべての条件がここにある。ただしそこに血と肉がないだけだ。

バリ島の人々についてアルトーは言う。「彼らは踊る。彼らは自然の無秩序の形而上学者となり、音の原子一つ一つを復元してくれ、今にも原初の状態に戻りそうになっている断片的知覚の一つ一つを復元してくれる。動きと音の間に彼らが創り出していく継ぎ目はあまりに完璧で、空ろな木、響きのよい太鼓、空洞の楽器から出る音は、空洞の肘を動かして踊る彼らの身体、空ろな木でできた手足から流れ出ているように思えるのだ」。〔『演劇とその分身』〕

最後に細部をもう一つだけ。

武士が捕虜になる場合、腕は胴体にいましめられる。こうして、左遣いは活動停止を余儀なくされる。捕虜が解放されて初めて左遣いは活動を再開できる。ある人物が死ぬと、三人の人形遣いは皆、動かなくなった人形をその場に残して舞台から消える。死んでしまった人形が生き返ることは稀にしかない。

「首実検」の場面は、私が日本滞在初期に見た芝居『妹背山婦女庭訓《いもせやまおんなていきん》』の思い出を呼び覚ます。この作品は、吉野川における葬列（でもあり婚礼でもあるもの）で締めくくられる。だが今日はこの場面が新たな力で蘇ってくる。

切り落とされた雛鳥《ひなどり》の首は向こう岸で愛する男の首と一緒になる。けれどその雛鳥の首には奇妙な付き人が伴っている。そう、雛道具が雛鳥のお伴をしている。今でも三月三日雛祭りに女の子のために飾られるあの雛道具が、琴に乗せられた愛のしるしの雛鳥の首、死んで動かなくなってしまった雛鳥の首と隣り合っているのだ。流し雛の習慣はおそらく平安時代に遡り、さらには中国の唐朝にまで遡るとされる。人々は人形《ひとがた》をした形代《かたしろ》にあらゆる穢れを吹き込んで、自分の身を守ろうとした。穢れをこすりつけるようにしてから川に流された人形は、イグサで編んだ小さな籠に乗せられて流れていった。川が主軸であることに変わりはない。ただその次元が別物なのだ。ここで具象化されているのは時とその深みなのだ。この細部、雛道具と文楽の人形が並べて置かれているというこの細部には、人類学的価値があるのではないかとも思われ、お祓いの儀式が舞台上に残像として現れたものとも見える。とにかく、この細部が途方もない劇的な力を持つことは間違いない。というのもこの細部こそが、物語世界の内部に「命あるものと命なきもの」という二つの補完的原理の組み合わせを持ち込んでくれるからである。「命あるものと命なきもの」というこの組み合わせこそが舞台空間を支配していることを考えると、この細部は突如、舞台の中の舞台を浮かびあがらせる。人形の人形？　死んだ雛鳥は、身体から切り離され、三人の人形遣いの手を離れてなお、雛鳥である。だが、雛鳥が雛鳥たるには、私たち観客が彼女に少し命を吹き込んでやり、彼女を取り囲むモノから彼女を区別してやる必要がある。こうして、雛鳥が向こう岸に着くまでの間、最後まで、物語の虚構を維持してやらねばならない。

どんでん返し！

私は文楽の「組討《くみうち》」を見たところだ。敦盛《あつもり》と熊谷《くまがい》の組討を義太夫節で聞いたときにも、とても強い印象を受けたけれども、その日、次の段に不意打ちされるとは思ってもみなかった。(『一谷《いちのたに》嫩軍記《ふたばぐんき》』は複数の著者による合作であるが、三段目「熊谷陣屋」までは並木宗輔の手になるものである)。熊谷が幼い敦盛の首をとらなければならないのは、義経の命を受けているからである。義経自身は兄の将軍頼朝の命を受けている。したがって熊谷がこの命令に逆らうことは不可能である。(日本人の観客と違い) その時の私が知らなかったこと、それは、熊谷にはもう一つ別の恩義があったということである。敦盛の母藤の方に対する恩義である。〔『菅原伝授手習鑑』の松王丸同様〕ここでもまた、熊谷は、現在の主君への恩義を果たそうとすれば、昔の恩人に対する恩義を踏みにじることになってしまう。ここでもまた、面目を保つには、被害者のすり替えという手段によるしかない。熊谷の息子小次郎《こじろう》は一六歳である。供物として捧げよう。そう熊谷が考えた時、おぞましさの階段が一歩 (それが最後の一歩であったのか) 踏み越えられてしまった。なぜなら熊谷は自分の子供を自らの手で殺めなければならず、その犠牲の儀式はあまりに完璧なため、敵ばかりでなく (少なくとも初演時の) 観客もまた欺かねばならないからだ。

日本では、現実においても舞台上でも、戦場で身体の一部が切り離されたところで死が完了するわけではない。その死は「首実検」へと引き継がれ、切り離された首という断片は、名前、つまり他の何にも還元され得ないものに結び付けられる。首実検によって、殺人の暴力的な側面を象徴的に和らげようとしたとも考えられるが、実際の舞台では、首実検が上首尾に行われる事例にはあまり興味が示されない。むしろ、真相が明るみに出るまでに、過剰とも言えるほど筋の運びが複雑にされることのほうが多い。このような観点からすると「熊谷陣屋」の段は、複雑さの極致だ。

義経欣然《きんぜん》と実検ましく〳〵。「ホヽヲ花を惜《おし》む義経が心を察し。アよくも討《うつ》たりな。敦盛に紛《まぎれ》なき其首《そのくび》。ソレ由縁《ゆかり》の人も有《ある》べし。見せて名残を惜ませよ」と。〔熊谷〕仰《おおせ》を聞より「コリヤ女房。敦盛の御首。ソレ藤《ふじ》の方《かた》へお目にかけよ。」〔相模〕「アイ。あい」と斗《ばかり》女房は。あへなき首を手に取上《とりあげ》。見るも。涙にふさがりて。かはる我子《わがこ》の死顔《しにがお》に。胸はせき上身《あげみ》もふるはれ。持《もつ》たる首のゆるぐのを。うなづくやうに思はれて。門出《かどで》の時に振返りにつと笑ふた面《おも》ざしが。有《ある》と思へば可愛さ不便《ふびん》さ。声さへ咽《のど》に。つまらせて。「申《もうし》藤の方様。御歎き有《あっ》た敦盛様の此首《この》。」〔藤の方〕「ヒヤア是《これ》は。」〔相模〕「サイナア申《もうし》。これよふ御覧遊ばして。お恨《うらみ》はらしてよい首じやと。誉ておやりく〳〵なされて下さりませ。」

〔祐田善雄校注『日本古典文学大系九九　文楽浄瑠璃集』岩波書店、一九六五年、二四五―二四六頁〕

〔『菅原伝授手習鑑《すがわらでんじゅてならいかがみ》』の場合には〕松王丸《まつおうまる》の言動は密かに監視されていたとはいえ、首実検を行い、たしかにこの首に違いないと述べた時、その首を前にしていたのは父親の松王丸ただ一人であった。それに対し熊谷は、自分と同様に真相を知ってしまった複数の証人に取り囲まれている。首はそこにある、舞台の上、父親の手の先に。続いて母親に手渡された亡骸は、もうそこにないはずの手足を見せる。この首は、注目の的であると同時に、ものの形をゆがめて映し出す視覚装置ともなって、生きている者に働きかけてその場を取り繕うことを強いる。政治的、軍事的理由が優先するならば、このペテンは暴かれねばならないだろう。だが義経は、自分の命令が遂行されたかどうかを確かめたいと気がせいていながらも、兄の命令を無効にしてしまった確かな証拠を前にしては、真相について口をつぐむ他はない。義経にもまた、平家に対する恩義があったのだ。熊谷との対話によって明らかになるのは、義経の命令は暗号化されており、その命令の中に熊谷は、我が子小次郎の犠牲を読み取らねばならなかったということである。つまり、熊谷は義経の命令を遂行するため二重の制約を受けていたのである。敦盛を無事に家族の元に返して恩人に報いるという主人の意向に沿うこと、そして、身替わりの犠牲者を出すことで主君の命令を尊重すること。主君が平家に感じていた恩義と自らの恩義の両方の圧力を受けた熊谷は、我が子の死骸で空白の場所を埋め、こうして将軍頼朝の戦略もまた満足させるという二重の責務を果たす他はなかったのである。

だが「熊谷陣屋」は、こうした軍事的次元にとどまるものではない。相模と藤の方、この二人の母親もまた、舞台上で、自分たちに課された物語にただ組み伏せられるしかない。熊谷は妻相模に我が子の首を渡す。それは妻の心の強さを試そうとしてではなく、自分たち夫婦は共に恩人への借りを返さなければならないということを確認する行為である。その首を藤の方に手渡すようにと熊谷は妻相模に命じるが、この時点で相模と藤の方の立場は逆転する。この首と対面することで藤の方は、幸運にも、我が子の喪から解放されるのだから。このように信じがたい逆転が可能になるのは、命を奪われてそこにある身替わりの首のおかげである。こうしてこの首は、奇妙な磁力によって、錯乱する諸情念の一つの極となり、現実と様々な見せかけとの完全な組み替えを命ずる凍り付いた火種となる。様々な義務の絡み合う争いを解決するには他に道はない。その場にいるすべての登場人物が、この首は敦盛のものであると認める。主人への忠義と権力への敬意がそうさせるのであるが、この首を目にして、やるせない思いをし、憐みをかきたてられていることもまた確かである。彼らは幻影に形を与え、重みを与えなければならない。だがこのような均衡は壊れやすい。一人の人物（将軍頼朝の家臣梶原）が躍り出て、自分の目はごまかされない、身替わりを使うなど主君に対する裏切りだ、主君にこのことを告げずにはおかないと声高に言うが、打ち殺されて、何のためらいもなく舞台空間から抹殺される。この人物は、他の人物とは違って、二つの至上命令をうまく折り合わせることができず、この途方もない戦利品である首の中に、糾弾のための証拠品しか見なかったがために命を落とすのだ。

一七二〇—三〇年にかけてパリの舞台を横断したマリヴォー〔フランスの劇作家、小説家、一六八八—一七六三年〕劇の登場人物は、遠回しに、アイデンティティーの問題提起を行っていた。たとえば、男女の性を取り替えてみたり（『変装した王子』〔一七二四年〕）、社会的な身分を取り替えてみたり（『愛と偶然の戯れ』〔一七三〇年〕）、そうすることで彼らはどんな効果が生まれるかを覗き魔的な興味で観察したのだ。変装によって混乱が引き起こされはするものの、結末はいつも同じ。変装し（させられ）ていた男も女も、苦境を切り抜け元の自分に戻り（そもそも首が胴体から切り離されたわけではないのだから）、元の自分の権利を取り戻し、あるいは自分の義務に呼び戻される。変装はここでは変身とは正反対のものだ。ここに見られるのはむしろ試練、それも一時的なものに過ぎず、この試練を切り抜けることに成功しても、あるいはもっとうまくいって大成功を収めたとしても、せいぜい、様々な表象（つまりこれを通して社会が自らを思い描く「絵」）が復元されるにとどまる。

同じ時期、ヨーロッパにおける変装の伝統から遠く離れると同時にその近辺にあって、日本の舞台は、「身替わり」の眩惑を探索していった。身替わりとなって犠牲を捧げるという主題は、宗教的起源を持つが、これが少しずつ世俗化されて、演劇に決まって登場するようになってきた。そしてついには、これだけで独自のジャンルを構成し、一八世紀を通じて隆盛を極めたのである。アイデンティティーをめぐるこの戯れが、たんなる遊びにとどまらないことは言うまでもない。この戯れに一旦身を投じれば、もう元に戻ることはできない。この戯れは死によって封印される以外にはないのだから。この仕掛けの流動的な中心にあるのは一つの首である。首は、その首の命を長らえさせていた胴体から切り離されるだけでなく、この首に世界における居場所をあてがってくれていた名前からも切断される。これ以降、首は居場所を失う。残された者たちは、自分自身から永遠に追放された首というこの存在に立ち向かうしかない。ここには遠回りなやり方もなければ、意識の襞もない。誰もが雷に打たれたような体験をして、意味に見捨てられたしるし（首を切り取られてはいても石頭であることに変わりはない再生不能のしるし）に直面するしかないのだ。

私が今朝『近江源氏先陣館《おうみげんじせんじんやかた》』（一七六九年）を見て感じたもの、それは、まだばらばらのピースがいくつも残っているパズルで、一つのピースをはめることで、ある人物、ある場面の全体像が把握できそうになった時の喜びに似ている。ここでは、おぞましい場面にさらにおぞましさが加えられていて、高綱《たかつな》の首実検とその子小四郎《こしろう》の切腹の場面が関連づけられている。この二つの死を文楽で同時に見せたのは必然であった。（当時、同じような教育を施された）共同執筆者の数だけでも五人は下らないこの作品全九段のうちの八段目「盛綱陣屋」はこの場面において最高潮に達する。

盛綱《もりつな》、高綱兄弟は、婚姻により敵同士となる。盛綱の子（小三郎）は高綱の子（小四郎）を捕虜にする。あろうことか、盛綱の陣屋に高綱から使者が遣わされ、捕虜引き渡しの要求がなされる。武士道の掟ではそのような取引が可能なはずはないが、使者は引き下がらず、自分を代わりに人質にとるよう求める。盛綱は仰天し、小四郎は我が陣の捕虜であると再度言い渡す。人質の引き渡しを要求するなど、前代未聞であるし、（高綱が使者として妻篝火《かがりび》までも送り込むなど）異常なほど執拗な要求に、盛綱は、このままでは弟高綱の名誉が損なわれてしまうと案じる。高綱の要求が武士道の掟にもとるものであることが、ますます明白になってきたためだ。そこで盛綱は、弟高綱の狂気の沙汰としか思えないとんでもない行動に歯止めをかけなければならないと考える。苦痛で目がくらんだ父親が息子の命を救おうと躍起になっている以上、その子に自決させる以外、情けなくも不名誉へと転落していく父親を押しとどめる術はない。非情な論理に従って、盛綱は、母微妙《みみょう》（小四郎の祖母）を呼び出し、切腹を孫に促すよう強いる。小四郎は短刀と自らの運命を受け入れるが、奇妙なことに今度は小四郎が、武士道の掟では許されない願いを叶えて欲しいと言う。死ぬ前に父と母に今一度会わせて欲しいと言うのだ。両親への情愛の突然の発露に微妙は、孫小四郎に勇気が欠けていると思うが、小四郎の真意は後に判明する。

その間物語は急展開を見せる。悲嘆にかられた高綱は武器をとり、息子を取り戻そうとする。盛綱の不安が的中したかのような展開だ。父としての高綱の愛と人間的感情が勝利を収め、義理や義務よりも優先されているかのような危うさを見せる。次いで、舞台の外で行われた高綱の戦いの知らせが盛綱の陣屋に矢継ぎ早にもたらされる。兵を挙げた高綱は討たれ、その首が間もなく盛綱の陣屋に運ばれてくるという。この場面のハイライトはもちろん「首実検」の場面だが、そこに猟奇趣味しか見ないとしたら、この場面の精神を取り違えることになろう。戦場においてなぜ首実検が行われたのか、それは、そこに実質的な必要性があったからだ。総大将の影武者

（総大将と多少似たところがあればよく、遠くからでは見分けがつかない）を立て、これを身替わりにするという、当時広く行われていた戦術に対抗する必要があったのだ。影武者という悲劇的人物、きわめて演劇的な人物を私たちに親しいものとしてくれたのは黒澤明監督の映画（一九八〇年）であった。影武者、その身体は大きな危険に晒されているが、社会における個人としては無意味な存在、文字通り、影の男。藁人形のような男……。操り人形。

影武者の疑いを払拭するため、盛綱は弟高綱の首実検をしなければならない。こんなにも簡単に最大の敵を厄介払いできたと喜び勇んで陣屋に駆けつけた主君を前にして盛綱は弟の首実検をする。ところが盛綱は予期せぬ感情に襲われる。弟高綱が生きていてくれればよいがと願う自分に不意をつかれ、主君への誠を尽くそうという気持ちに変わりはないのに、目の前に差し出された首が弟のものでなくとも、これは弟の首だと言いきって、主君に嘘をつくことになってもいいと思っている自分に気付くのだ。盛綱の思索はそこで中断される。というのも、首桶の蓋を開けた途端、小四郎が舞台奥から飛び出して、「父様《ととさま》」と叫んで腹に刀を突き立てて、この筋立てに終止符を打つからだ。

決定的なこの瞬間、もうどうにも手の施しようがなくなってしまったこの瞬間に盛綱は、弟高綱によって周到に準備された陰謀の緻密さに気付くのである。高綱こそが、殺戮の要であり、中心人物なのだが、自らの姿を最後まで見せることはない。盛綱の目の前にあるのは高綱とは別人の首である。ここでは、不幸な影武者が、その死を越えて役割を演じることが求められているのだ。実の息子が父親と認めて叫び声を発し、切腹までしているのだから、この叫びに触れることはおろか、異議を唱えることなどもうできない。これは高綱の首だと認めるしかない。突如として盛綱は悟る。弟の奴、とんでもないことを思い付いたものだ、何もかも計算ずくだったのか、こうして俺は追い詰められ、身動きがとれなくなってしまった。高綱の奴、総大将として部下に命じて、父親の情愛を訴える芝居を打たせ、夫として妻に命じて、息子への情愛に溺れる親の姿を見せてたたみかけ、父親としては息子に命じて、自らの生命ばかりか真実までも犠牲にせよとの教えを実行させたのか。そして敵であり兄でもあるこの俺までも欺いたのだ。この俺は、罠にかかる他はない。この俺の反応の一つ一つが慣行に従い、型通りのものになるしかない。この様子を弟高綱は、自陣の奥から、自らは姿を隠して見守り、武士道の掟をことごとく破って楽しんでいるのだ。こうして弟高綱は、自らの身を守り、武士道の掟が及ぼす規範的な影響力を逆手にとり、武士道の掟が本来とは違った方向にねじ曲げられていく様子を楽しんでいるのだ。残酷さが最高潮に達したとき、社会という組織、貴族という組織がそっくり転覆させられてしまったのである。驚くべき批評装置ではないか。ゲオルク・ビューヒナー〔ドイツの劇作家、一八一三―三七年〕の戯曲『レオーンスとレーナ』の結末を思わず連想してしまう。この作品が書かれた時代（一八三六年）、その文化圏（『若きウェルテルの悩み』以降のドイツ）においては、（フランス風の宮廷人のように）文明化された人間と人形の類縁性ということが、大きな文学的正当性を獲得していたのだった。ただ一つ本質的な違いがある。ビューヒナーの場合には、ある現象に属するものをそれと指し示す第三者を必要としたということだ。社会的存在が自動人形と化したことが、外側から、臨床的なやり方で示されたのであり、そのことを暴く者もまた、解剖学者の側面を持っていた。これはおそらく、人間が人間について抱く見方が変化しつつあることを示すものであったろう。階段桟敷で交わされる言葉が演劇の言葉の中に顔を出して、演劇の言葉の中心を揺るがすのだ。ところが『近江《おうみ》源氏《げんじ》先陣館《せんじんやかた》』は、ビューヒナーの戯曲に見られるような、こうした初期段階の異化作用、批評的な異化作用とはまったく無縁である。高綱の与える教訓の特異な価値は、その偽のデスマスクを通じて皮肉たっぷりに与えられる。高綱こそが文字通りこの仮面劇の頭首となって、(舞台上の登場人物、客席の観客)全員を自らの輪の中へととどめおくのだが、その高綱によって与えられる教訓の特異な価値は、まさに、これが不在のうちに与えられることにある。切り落とされた首は、ここでもまた、結節点として機能するのであり、その首にすべての視線が集まるが、その首はだまし絵であり、すべての目に対し、目を開くよう迫る。死者の首は悪魔的力を行使して、見る者を丸裸にする。だが何よりも大切なのは、この教訓が、いやむしろこの神託とも言うべきものが、登場人物によって受け止められ、彼らが内側から自らの本当の姿に突如気付くということなのだ。私たち観客には初めから明らかにされている彼らの本来の姿、つまり、彼らは頭のてっぺんから足の先まで操られている人形に過ぎず、それが演劇の幻影によって、あなたや私のように普通の人だともう少しで私たちは思い込まされてしまうところだったのだ。

午前の部が終わり、次の部が始まるまでの間、私は劇場の中を歩き回る。劇場内には、新たな観客が押し寄せている。着物を着たご婦人方、そわそわしている学生たち、身なりのいいカップル、全身目と化した外国人、仲良しの女友達同士でぺちゃくちゃ喋っている一群、かくしゃくとしていて、山羊のような髭をたくわえ、潑剌とした老人たち、連れもなく暗く沈み込んだ者たち、早くも床本に読みふけっている愛好者たち、次の公演のチラシをよりわけている愛好者たち。文楽は一時人気に陰りが見られたが、文楽の歴史を見ると、こうした人気の落ち込みは決して珍しいことではなく、今また人気を取り戻し、劇場は満員御礼となっている。演目の改定の努力が実り、とりわけ文楽鑑賞教室などの教育活動が功を奏して、東京の国立劇場文楽公演には、様々な観客がやって来るし、観客層も若返っている。文楽鑑賞教室において、文楽の技術や演目について定期的に啓蒙活動が行われているばかりでない。お馴染みさんたちは舞台裏を見学することさえ快諾してもらえるのだ。お馴染みさんたちは、開演二〇分前に、好奇心で目を輝かして、舞台装置を眺めて歩き、あちこち見て回る。人形遣いの周りには自然と人だかりができて、人形遣いは、人形の動きを実演して見せてくれる。お馴染みさんたちは、普段は見ることのできない細部を写真に撮り、驚き、列になって歩きながら、声を上げる。「へえ。そうなの。えっ、そうだったの」。そして見学を終えると、再び靴をはき、専用の入り口を通って劇場へと急ぐ。この専用入り口は、劇場の裏側にあり、皇居に面していて、裏の（そして影の）イメージにすっかり浸っている。このように間口を広げることはまさに死活問題なのだ。他の娯楽産業との競争はそれだけ激しいし、文楽を志す者も減ってきているのだから。「人間国宝」は永遠の命を持っているわけではなく、後継者が必要だ。能や歌舞伎のような、世襲というやり方ではとてもまかなえない。そもそも文楽は、世襲にはこだわってこなかった。アンドリュー・ガーストルが述べるように、竹本義太夫その人が個人の才能を重視していたため、文楽は、常に大きく外側へと開かれてきた。バーバラ・C・足立は人形遣い、〔初代〕吉田玉男（一九一九年生まれ、一九三三年に入門〔二〇〇六年没〕）の談話を伝えている（『文楽の舞台裏』一九八五年）。文楽に入門したのは「近所に住む吉田玉助さんのお世話で、一四歳でした」。「初めて玉助さんに文楽を見に連れて行かれた時、人形遣いが黙って人形を遣てる。これやったら黒衣かぶって黙って人形遣てたらええ、それならやってみよう、と思たんです」〔『人形有情　吉田玉男文楽芸談聞き書き』岩波書店、二〇〇八年、一三、一四頁〕。「人間国宝」となった吉田玉男は、自分と同じように、文楽とは関わりのない様々な分野からやって来た者に芸を伝えたのである。一九七二年からは、大阪の国立文楽劇場が、文楽に興味を持つ者を対象に、二年間の研修制度を発足させた。二年間の研修期間を終えた者は、師匠につき、本格的な修業を開始できる。この方法はうまく機能していると言えそうである。現に文楽の舞台に出演している者の半数は今、元研修生で占められている。一九六三年からの文楽座は、国も関与して設立された財団法人文楽協会によって運営されるようになったが、新たな観客層を掘り起こす試みもまた行っている。毎年夏に数百人の子供たちを受け入れて、演目の一部を子供向けのものとして、この国家遺産を守ろうとする姿勢の範を見せているのだ。

次の演目は『源平布引滝《げんぺいぬのびきのたき》』（一七四九年）である。

この作品は、平家と源氏の権力争いの一挿話をきわめて自由奔放に物語る。

源平のこの争いの中心にあるのは、源氏の白旗である。だが、その旗を持つ手がついていてこそ、この旗には価値があるのであって、『源平布引滝』はこの腕についての物語でもある。

二段目「義賢《よしかた》館の段」。源義朝の打首が首桶から取り出されて、（源氏方の）行綱《ゆきつな》が激しい怒りにかられて殺人を犯す際の道具となる。行綱は（平家方の）末宗《すえむね》を組み伏せ、打首を即席の棍棒代わりにして、末宗の頭蓋骨をしたたかに打ちすえて、打ち砕く。こうなると、観客の視線は必然的に、またもや二つのものの間を揺れ動くことになる。一方には、一つの完全な身体としての人形があり（生きている身体であるかの幻影は、主遣い、左遣い、足遣いの三業一体の技によって生み出される）、他方には、その同じ身体（純然たる虚構の身体）が現実の姿、つまり「死者の頭」へと還元されたもの、身体から切り離されたものがあるのだ。断片化する人形の姿を、これに続く筋の展開はじつに見事に見せる。

源氏の白旗を守るため、これを安全な場所に移さなければならない。こうして白旗はその持ち主を次々と代えていく。義賢から葵御前へ、ついで、平家の兵内《へいない》へ、ついで再び義賢へと渡った白旗を義賢は小万《こまん》の手に託す。小万は琵琶湖のほとりで源氏に合流しようとするが、平家に不意打ちされる（三段目）。小万は琵琶湖に飛び込むが、悪いことは重なるもので、小万を湖水から引き揚げてくれたのは平家の船であった。平家の武士の誰一人として、小万の手から白旗をもぎとることができない、それほどまでに、小万は力の限り抵抗したのだが、ついに実盛《さねもり》が、白旗をつかんで離そうとしない小万の腕を刀で切り落とす。息つく暇もないほどのどんでん返しの連続の末、白旗はその正当な持ち主の下をもはや離れようとはせず、断末魔の痙攣によって小万の手の組織と結び合わされたその白旗は、積年の敵の手には落ちず、小万の身体が沈むまさにその瞬間、琵琶湖の湖水の中に落ちるのである。こうして、小万の身体と白旗を握りしめた腕は、どちらも生まれ故郷へと帰り着く。琵琶湖のほとりの家で、小万の養父母がこの手と死体を回収するのだ。

幕間

この劇場の幕間は、それが何時であっても、パニックに近い人の動きを引き起こす。座席をさっさと立ってホワイエに出て、小さなテーブルつきの椅子を急いで確保しなければならない。そうしないと、お弁当を広げてゆっくり食事して幕間休憩を過ごすこともできない。今日は何も持ってきていないし、一五分も並んでマヨネーズを塗ったパンを買う気にもなれないので、ホワイエで食事をしている人たちの間を歩き回って、目でつまみ食いすることにする。お弁当箱の中になんとまあキレイに詰め合わせてあることか、すごく豪華なのもある。ワカメの小さな塊に薔薇色や赤色の薬味。緑やオレンジの色鮮やかな生野菜。黄金に輝くフライに紫色の酢漬ナス。サーモンに、ぎざぎざ模様の天ぷら、金塊を思わせる卵焼きには老舗の紋章が焼きつけてある。花が一輪あしらわれ、楔形の切り込みの入ったシイタケ。こんがり焼きつけた肉が三切れ、竹串に刺してある。白いご飯……。

「日本の食べ物は完全に視覚的なもので（目のために考え準備し、整えられ、画家や図案家の目さえも意識している）、そのことによって日本の食べ物は深みを持たないことを主張する。食べものには貴重な中心はないし、内に込めた力もなければ、生命力を秘めているわけでもない。日本料理はどれも「中心」を欠く（フランスでは、食べ物の中心は儀式によって表現され、料理の順番の中に組み込まれていて、中心となる料理の周囲に他の料理を並べ、それぞれの料理に覆いをかけるようにしていくのだが）。日本料理では、すべてが別の装飾のための装飾なのである。というのも、テーブルの上、皿の上に並ぶ料理は、断片の寄せ集め以外の何ものでもないからだ。それらの断片のどれか一つが食べる順番において優先されるようには見えない。食べるということは、あるメニュー（料理の順番）を尊重することではなく、箸を軽やかに使って、まずはこの色、次はあの色という具合につまんでいくことであって、それもその時の気分に任せ、ゆったりとしたもので、会話を交わしながら、何気ない調子で、まるで何かのついでのように行われるのだ。」〔ロラン・バルト（フランスの批評家、一九一五―八〇年）『記号の国』一九七〇年〕

私は再び席につく。『記号の国』を小脇に抱え、すきっ腹を抱えて。三段目「九郎助住家《くろすけすみか》の段」。小万の養父九郎助は漁師である。その日の夕方九郎助は奇妙なものを釣りあげて家に持ち帰る。切り落とされた腕が丸めた旗をしっかりと握りしめている。誰がやっても、その手をほどくことはできない（これはよくあるテーマで、死後硬直を起こした指は、欲望の対象を決して手放そうとしない。このテーマは『仮名手本忠臣蔵』にも見られ、判官切腹の折、自らは果たせぬ復讐をいまわの際に由良之助に託して絶命した判官の死後硬直をおこした指骨をやっとのことでふりほどいて刀を判官の手から由良之助が譲り受けるあの場面にも見られる）。母に先立ってこちらに逃れてきていた小万の子太郎吉《たろきち》が触れると、旗を握りしめていた手はゆるみ、これが源氏の白旗であることが判明する。その後ほどなくして、岸辺に打ちあげられた小万の亡骸が近所の者によって運び込まれる。これに続く場面は、私の記憶に最も鮮烈に刻まれているものの一つだ。

小万の亡骸とそこから切り離された腕は、その子太郎吉によって、私たち観客の目の前で文字通り継ぎはぎされる。腕を亡骸にくっつけるというこの仕草によって、私たちは、夢の最も暗い闇の中へと投げ込まれる。夢の中に投げ込まれた私たちは、蘇りは可能であるという喜ばしく、えも言われぬ確信を授けられる。それと同時に、私たちは、劇場の作業場へと投げ込まれもする。そこでは、ほんのちょっとの糸の作用によって、人形に命が吹き込まれるのだ。こうして小万は息を吹き返す（三人の人形遣いが小万の人形の周囲に再び現れる）。だがそれもほんの束の間、語り始めたかと思うとすぐに、今度こそ本物の死がやってきて、その語りを中断してしまう。このような合間があって、物事の合理的な進行にひび割れが生じてやっと、私たちは世界と舞台両方の裏側を垣間見ることになるが、小万の後をうまい具合に引き取って養父の口から語られるのは、源氏の白旗を守って死んだ小万は、じつは源氏側の人間ではないという事実である。捨て子の小万を見つけたとき、小万は、合口《あいくち》と書付《かきつけ》を握っていたが、これらの品は、彼女が平家側の血を引く者であることを示す動かぬ証拠だ。血の過酷な掟までもが、まるで手袋のように簡単に裏返されてしまう。

三好松洛《みよししょうらく》と並木千柳《なみきせんりゅう》が『源平布引滝《げんぺいぬのびきのたき》』を作ったとき、平家と源氏の争いが開始されるはるか以前のことが二人の頭に浮かんでいただろうか。そう、中央集権国家が、シャーマンや魔術師、人形遣いを動員して戦いを行っていた頃のことが、二人の念頭にあったのだろうか。たとえば『宇佐八幡宮放生会縁起《うさはちまんぐうほうじょうええんぎ》』によれば、七二〇年九州において隼人《はやと》族の反乱軍を鎮圧するため、朝廷軍は、反乱軍の七つの要塞の城壁の上で芝居を見せたという。反乱軍は、この芝居にすっかり心を奪われて見張りがおろそかになり、朝廷軍の襲撃を防ぎきれなかった。その後、帝その人の命令により、朝廷の政治的宗教的権力を正当化し強化することを目的として、このような見世物的側面を鎮魂の儀式のうちに取り入れて、隼人族を屈服させたこの戦いを再び演じさせることとして、「水に竜頭の船を浮かべ、地上には獅子狛犬を走らせ、空に鷁《げき》鳥を飛ばし、仏法の二十八部衆に傀儡舞《くぐつまい》を舞わせ」たという。こうしたことを『源平布引滝』の作者たちは念頭に置いていたのだろうか。

『源平布引滝』の作者たちによって切り開かれた想像世界の奥底には、こうした非現実的な戦場の光景があったのか。軍事作戦の一環としての人形芝居を演じた人形たちは、他ならぬ自分たちが引き起こした大虐殺に立ち会っていたのだ。なすすべもなく、無言のまま、奇妙なまでに翻弄されるがままに。

私たち観客は今度もまたとてもゆっくり、もの思いにふけりながら出口へと、日の差すほうへと向かう。

ある種の情熱にとりつかれて私は（と言っても〔『武州公秘話』の〕法師丸ほどではないが）、これ以後、年に十二回国立劇場に足を運び、人形の身体の錯乱と解体がどこまでいくのか見届けることにした。なんとなく漠然とではあるが私には予感があった。このような断片化は、俳優の崩壊の比喩、登場人物の分散であり、そこで問題になっているのは、俳優がいかにして舞台空間を占めるかということではなく、舞台空間によって気も狂わんばかりとなり、拠点を移さざるを得ない、そんなあり方なのだ。そのような俳優のあり方が台頭してきたのは、ここ半世紀のことに過ぎないが、それが文楽の舞台にはある。文楽を西洋の舞台から隔てるもの（そればかりか、ある意味では能や歌舞伎とも隔てるもの）、それは、文楽の舞台が「遊びの場」であるというその本質においてのことなのだ。文楽における「遊びの場」、それは身体的演技の特権的な空間であり、クリスティアン・ビエとクリストフ・トリオーが〔『演劇学の教科書』（二〇〇六年）において〕つい先頃もまたその永続的一体性を強調した空間なのだ。ビエとトリオーによれば、「俳優の演技を断片化することはできない。もしそんなことをすれば、俳優の演技の全体性を見失ってしまうことになる。俳優の台詞が意味を持って立ち現れてくるのは、あるリズム、ある調子との結び付きによるのであって、移動しながら、ある所作と共に発話されて初めて意味を持つのである。そして、もっと広い意味では、舞台全体、舞台美術の中に組み込まれて初めて、俳優の台詞は意味を持つのだ」。俳優の身体というこの宿命的な「意味作用を持つ全体」を迂回することを可能にしてくれるもの、それが文楽ではなかろうか（最近では、アリアーヌ・ムヌーシュキンとエレーヌ・シクスーが『堤防の上の鼓手』〔一九九九年〕において、また、フレデリック・フィスバックが〔ラシーヌの〕『ベレニス』〔一六七〇年〕や〔ジュネの〕『屏風』〔一九六一年〕の演出〔それぞれ二〇〇一年、二〇〇二年〕で見せてくれたように、彼らは日本の影響を受けて、俳優の身体が神聖にして侵すべからざる一つの統一体なのかという問題を再検討した）。だが、文楽はさらに先へと踏み込み、（ディオニュソス的な？）身体の切断をテーマの中心に据え、こうして舞台を、自らを映し出す鏡とし、自らをそこで解剖してみせたのだ。

文楽のこの特異性に即座に気付いた最初の西洋人は、文楽の名をただ伝え聞くのみであった。文楽の特異性は、一九二八年、二代目市川左団次一座による歌舞伎公演によって啓示されたのである。セルゲイ・エイゼンシュテインは、映画監督としてまた理論家としての活動において、文楽の「移行部分のない演技」、断片化され、飛躍や静止から成るこの演技に目もくらむ思いをさせられたことを生涯忘れなかった。

「モスクワに巡業した歌舞伎女形二代目市川松蔦《しょうちょう》（左団次、一八八〇―一九四〇年）は、『修禅寺物語』において夜叉王の娘の死を演じる際、それぞれが互いに関連を持たない独立した要素を演じた。右腕だけの動き。片足だけの動き。首だけの動き、頭だけの動き。死に瀕した娘の苦悶が、それぞれの部分の独奏の「パート」へと解体されて、両足のパート、両腕のパート、頭のパートという具合に分断されて別々に演奏されたのである。解体の連続。交互に演じられるそれぞれのパートは、死という不幸な結末が近付くにつれ、より短くなっていった」。

この生きた証言は貴重である。文楽が歌舞伎にいかに影響を及ぼしているかが分かり確認できるからだ。文楽が歌舞伎に及ぼす影響は二〇世紀初頭でも目に見えて顕著であったし、今もなお、手足をばらばらに自在に動かす歌舞伎役者の演技にその痕跡を見ることができる。身体は、一つの統一的な有機体、階層化された有機体ではなく、空間をあらゆる方向に横切る概観や細部の無限の連続なのだ。それはちょうど、歌舞伎役者の（手足を東西南北および天地の六方向に動かして誇張的に歩く所作）六方《ろっぽう》の動きに現れている。この動きは、文楽の人形の機械的な動きの可能性から一部着想されたものだ。文楽の最大の功績の一つは、歌舞伎役者の身体に、人形の分節的な動きを少し取り入れさせたところにあるのではないか。エイゼンシュテインは、歌舞伎のこの「解体された演技」の起源を心得ており、その美的力を即座に理解した。それは、「無邪気な自然主義」からの解放であり、リズムの到来であった。「俳優は「そのリズムにおいて」観客の心をつかむ」。演劇における身体は何よりも、踊る身体であり、それは痙攣となり、遠心力による分散となり、しまいには身体は砕け散る。粉々になり様々な形象となって、演劇の身体は視線を踊らせる。「細部、それはリズム」とダニエル・アラスは述べ、伝統的な絵画の統一性に対峙するものとして、細部の力学を示し、これこそが見る者の目を奪うのだとする。

身体に何ができるのか。

スピノザ〔オランダの哲学者、一六三二―七七年〕のこの問い、一七世紀古典主義の最中に提示されたこの問いに遅まきながら耳を傾けたのはニーチェ〔ドイツの哲学者、一八四四―一九〇〇年〕であり、ジル・ドゥルーズ〔フランスの哲学者、一九二五―九五年〕であった。とりわけドゥルーズのおかげで、私たちは、この問いについて再び考えることができる。私がここで言っておきたいのは、スピノザのこの問いが一六六〇年代に（ドゥルーズの言う）「叫び」として発されたとき、日本の舞台が独自のやり方で、この問いに応え始めていたということだ。もちろん、その答えをはっきりとしたやり方で口にしたわけではなかったが。もしもはっきりした形をその答えに与えていたとしたら、そこには、神学的というよりむしろ政治的な意味が加わったのではないかと思われるが、とにかく、スピノザの問いに対するひとつの答えが、行為として現れたということは重要だ。スピノザの問いに対する答えは、身体による返答として、魂のない身体によって、（スピノザならこう言ったかもしれないが）「夢遊病者」によって与えられたのである。鎖国によってもたらされた平和のうちにあるこの国においては、日本の外から来る者も、外に出ていく者も、死罪と決まっていた。そんな時代に、人形は何を意味していたのか。社会的監視の目が厳しく、官憲の検閲も激烈であったこの時代には、とりわけ舞台上で心中事件を演じることが、社会転覆につながる見本を示すものとして禁止されていた。そんな時代に文楽の人形は、（じつに巧妙で洗練されているために生きている者の知性に働きかけずにはおかない文楽の人形は）我を忘れて振る舞う身体となり、激しい怒りに身を任せ、様々な変身を見せ、どんな逸脱もやってのけ、あらゆる無秩序に引き寄せられる身体としてそこにあったのだ。どんな状態にもなりうる身体として。歌舞伎役者のうちにエイゼンシュテインが見て心を奪われたのは結局、身体のそうした側面ではなかったか。中国の演劇あるいはバリ島の演劇に触れ、またそれぞれの歴史的経緯は違うにせよ、ブレヒト、ミショー、アルトーの心を虜にしたものは、そうした身体ではなかったか。身体もまた心同様「未知の領域」なのだ。スピノザの言葉を借りるならば「身体にできることをこれまで特定できた者は誰一人としていない」。スピノザの問いは汲み尽くせず、東洋を通じて舞い戻る（だが、この問いは東洋だけに寄り道していたのではない）。スピノザの問いは、あらゆる思想の領域を悩ませ続けている。まず映画の世界においては、モンタージュの可能性ゆえに。哲学の世界でも、ドゥルーズとガタリ〔フランスの哲学者、一九三〇—九二年〕は「器官なき身体」という概念をアルトーから借用している。絵画においては、フランシス・ベーコン〔イギリスの画家、一九〇九—九二年〕による、輪郭のない身体、内臓が外に向かって裏返されているような表現が見られるし、文学においては、ピエール・ギュヨタ〔フランスの作家、一九四〇年生まれ〕の作品に見られるように、両性が結合した身体が言葉の上に無限にめくれあがり、人間が動物へと絶え間なく反転していく。

〔ドゥルーズ、ガタリの〕『千のプラトー』〔一九八〇年〕によれば、「敵、それは有機体である」。

そう、ある種の情熱。

けれどこの情熱は二重である。

いやむしろこう言ったほうが正確か。文楽に対する私の新たな情熱は、私が最初に夢中になった女義太夫、竹本越孝の義太夫に対する裏切りなのか。そうは言えないだろう。女義太夫に見られるように、ただ一人の太夫が、人形の動きと切り離されて演じることは、分裂した舞台の究極の形であり、身体の分子配列を何度か繰り返した末の究極の形である。そこには、言葉の力が文字通り軌道に乗っている。だが、文楽の世界も女義太夫の世界も、片や男性が演じ、片や女性が演じるという違いはあるものの、互いが互いを照らし出すような存在であり、結局は同じように、どちらもそれぞれの道具を用いて、同じ幻影を追い求めている。つまり、自分とは別の性を演じるのだ。だから私も、この二つの世界の間を揺れ動くことにしよう（私同様、文楽と女義太夫の二つの世界を行ったり来たりしている人は多い）。そうしていればいつか、二つの星がぴったり重なり合う瞬間が訪れるだろう。そのとき二つの星は、互いの姿が重なり合っていることに気付かず、私一人がその瞬間を見届けて納得するのだ。そして、二つの星は、私にはお構いなく、それぞれの道を歩み続けていくだろう。

穴のあるものたち

「悲劇においては、幻影が完全ではないということはとてもよく知られている。（一　幻影は完全なものにはなり得ない。二　幻影は完全であってはいけない。）幻影は完全なものにはなり得ない。なぜなら、上演が実際に行われる場所や上演のむらを完全に無視することは不可能であるから。想像力をどれほど働かそうとしても無駄で、場面はローマということになっていても目の前にあるのはパリであることを目が教えてくれる。それに、登場人物を演じている俳優のことを忘れ去ることは決してない。それが証拠に、最も感動しているその瞬間にさえ、「ああ、なんてうまい演技だ」と叫ぶではないか。」〔マルモンテル『文学原理』一七八七年〕

どんな犠牲を払っても、演技空間の中に現実の舞台の場所が現れず、上演時間に実際の時間が窺われず、登場人物の中に俳優が顔を出さないようにしなければならないのか。それほどまでに幻影を完璧なものにする必要があるのか。マルモンテルを始めとし、むしろ混同もよしとして、これを勧める者さえあるというのに。この問題にディドロが決着をつける。「舞台の際《きわ》に、大きな壁があると思いなさい。その壁があなたを平土間から隔てるのです。そして、幕が閉じたままであるかのように演じなさい」〔ディドロ『劇作論』一七五八年〕。かくも長い間外と繋がっていた舞台は、こうして、手の届かないものとなる（何という矛盾であろうか、美術批評家としてのディドロは、グルーズ〔フランスの画家、一七二五―一八〇五年〕の絵の中に入り込むことを夢見、思想家としてのディドロは、触覚こそが「最も深遠で最も哲学者にふさわしい」〔『聾啞者書簡』一七五一年〕感覚であると考えていたのに）。だが、演劇が「半分本当で半分嘘」〔『劇作論』〕であるという疑いを免れるには、観客の手の届かないものとなるという対価が必要であった。これらの文章が書かれたのは一七五八年のことだが、このような考えは、ドービニャック師〔一六〇四―七六年、著書『演劇作法』（一六五七年）はフランス古典劇が規範とすべき理論を示す〕以来、多くの人々の心を捉えていた。時の経過とともに、ディドロの演劇理論は精緻さを増すが、幻影についての考え方は変わらなかった。『俳優に関する逆説』においてディドロは次のように述べる。俳優とは「登場人物ではない。俳優は登場人物を演じ、あまりに上手く演じるので、本物かと思ってしまう。幻影はあなたのものでしかない。俳優自身は、自分がその登場人物ではないことをよく知っている」。

その数十年前、地球の裏側の文楽の世界では、これとはまったく違う論理が支配していた。刃《やいば》が俳優の身体に切り込む。言葉は東に、人形の動きは西に配置される。そして、人形の動きそのものも四肢をもぎとられ、三つに分断される。文楽における演劇術は、不可能とされる幻影を鋳造するものではなく、幻影が不可能であるということ自体を楽しむよう仕向けるものであって、舞台が続く間ずっと、舞台上で、虚構とその表象を生き生きと保つことであり、皮をはがれ、解剖されるに任せておくことなのだ。

「第四の壁」という概念ほど文楽に無縁のものはない。

穂積以貫《ほづみいかん》が近松の晩年、近年の舞台の傾向についてどう思うか尋ねたところ、近松は次のように応えたという。

「藝といふものは実《じつ》と虚《うそ》との皮膜《ひにく》の間にあるもの也。成程《なるほど》今の世実事《じつじ》によくうつすをこのむ故、家老は眞《まこと》の家老の身ぶり口上《こうじょう》をうつすとはいへども、さらばとて眞の大名の家老などが立役《たちやく》のごとく顔に紅脂白粉《べにおしろい》をぬる事ありや。又眞の家老は顔をかざらぬとて、立役がむしゃ〱と髭《ひげ》は生《はへ》なり、あたまは剥《はげ》なりに舞臺《ぶたい》へ出て藝をせば、慰《なぐさみ》になるべきや。皮膜の間といふが此《こゝ》也。虚《うそ》にして虚にあらず、実《じつ》にして実にあらず、この間に慰が有たもの也。」〔『難波《なにわ》みやげ』、守随憲治、大久保忠國校注『日本古典文学大系五〇　近松浄瑠璃集　下』（岩波書店、一九五九年）所収、三五八―九頁〕

「誰かがどこかに入って来る」、これこそが、日本の芝居における登場人物のあり方だ。能の舞台では、亡霊のようなシテのシルエットが、長い橋掛りを通じて舞台へと現れるが、完全な孤立に身を包み、自らが生み出す虚空の最中にあってまばゆく、どうかするとその虚空に飲み込まれてしまいそうに見える。

文楽において、そこに登場するのは誰か？　そこにいるのは誰だ。

刃《やいば》が切り込むのは正確にはどこか。

ドナルド・キーンは次のように述べる。「文楽は、西洋の芝居のいくつかのものが感じている誘惑とは無縁である。つまり、目の前のものは芝居ではなく、現実なのだと観客に信じさせたいという誘惑とは無縁なのだ」（『文楽　日本の人形芝居』講談社インターナショナル、一九六五年（吉田健一訳『文楽』講談社、一九六六年、『能・文楽・歌舞伎』講談社学術文庫、二〇〇一年に再録））。ドナルド・キーンのこの著作は、金子弘による美しい写真に彩られているが、様々な公演に際して撮られたこれらの写真では、劇的瞬間における人形の全身像や、時にはクローズアップが捉えられている。ところがドナルド・キーンは、こうした写真を自らの文章の脇にとり合わせることを正当化することで、先に引用した文章との矛盾を露呈している。この書物に掲載された写真は、人形遣いの姿を徹底してファインダーの外に押しやることで、文楽の本質を捉えることに成功していると言う。ここでキーンの頭にある文楽の本質とは、人形の自律性に基づく完璧な幻影のことなのだ。

そうなると人形遣いの役割はむなしいものなのか。舞台の上にいるよう定められ、にもかかわらず、そこにいないと思わせなければならないのか。人形遣いの芸は、人形という唯一の存在のために我が身を消すことにあり、「隠れたる神」のごとく世界から姿を隠すことにあるのか。まさにその通りと言わんばかりの考えが世の中に蔓延しているが、一つ納得のいかない点が残る。ある細部がどうしても引っ掛かって、時を経るにつれ、あまりにも明白な事実を前にして、これを避けて通ることはできないと思えてきた。人形遣いは自らの存在を消すとキーンは言うが、それでは、黒い衣装をまとった人形遣いの中でもとりわけ強い存在感を醸し出す主遣いはどう説明できるのか。主遣いだけが顔を出して演じることが許されるのは、熟練の度合いが高く、人気も高いことを証するものというだけでは、他の人形遣いとのこの格差をどうにも説明できない。このような特別扱いについて、舞台の造形という観点からどのように考えるべきか。主遣いの顔を見る度に観客の視線は、目の前の舞台が作り物であることを思い起こさせられ、その度にまた舞台を見つめ直すことを余儀なくされるのだから。

仕切りが滑るように開かれると、そこには、閉じられたもう一つの仕切りが姿を現す。人形遣いの頭巾の下からはもう一つの仮面が顔を出す。そう、人形遣いの顔だ。人形遣いの顔は、最初に私たちがプログラムで見たのと同じく無表情で舞台に登場する。動かぬ表情、限りなく内側に囲い込まれた表情。だが、その顔は目の前に見えているのだ。その手で扱う人形が私たちの目に見え、無表情な顔を見せているのと同じ敷居の上にその顔はある。

人形遣いの顔は、舞台の外、町でこの人物が見せるがままの顔で現れる、化粧も施さずに。こうして素顔を晒すのは、能のワキに共通するものでもある（能の残像、あるいは称賛か？）。現世の存在として〔面をつけずに〕演じられるワキは、シテを呼び出す役割を与えられているが、面をつけたシテがあの世から呼び出されて、舞うことができるのは、ワキのおかげである。

人形と人形遣いが舞台に登場するとき、人形の動かぬ表情と、人形遣いの渋い表情のうち、どちらに私たち観客の目は引き付けられるのだろう。片方にあって、片方にはないものを私たちは求めているのだろうか。だが、それは何か。そのようなわずかな違いに、どんな意味があるのか。

（『ひらかな盛衰記』〔二段目〕において）戦いから戻り、義経率いる軍勢に対し華々しい勝利を収めたかのように語る源太は、弟平次《へいじ》によって〔じつは宇治川の先陣争いで後れをとったことを暴かれ〕嘲弄される。源太は平次をたしなめるが、平次は図に乗り暴言の限りを尽くし、これに軍《ぐん》内《ない》までが加勢する。平次と軍内は源太に不意打ちをかけ、切りかかる。この場面の混乱、取っ組み合いでは大勢の人（九人〔の人形遣い〕あるいは〔人形も数に入れると〕一二人か）が入り乱れて、そのさまは、スポーツのようでもあり、踊りのようでもあり、大勢の人が重なり合い、猫のような身のこなしを見せる。くんずほぐれつの中から人形の頭が一つ顔を出したと思うと引っ込み、刀が一つ突き出され、人形の足が一本飛び出る、人形遣いの顔がひょいとのぞいてはまた消える。ちょうど（フランシス・ベーコンを魅了した）マイブリッジの連続写真のように、断層を減速で捉えることで切れ目のない動きを表現しているのだ。

「人間の中で最も深遠なもの、それは皮膚である」〔『固定観念』一九三二年〕とポール・ヴァレリー〔フランスの詩人、思想家、一八七一―一九四五年〕は述べた。（三島由紀夫〔一九二五―七〇年〕も〔歌舞伎について〕同じようなことを言っている。「様式こそ、見かけの内容よりもつと深いものを訴へかけてゐる」〔「藝術時評」一九五四年『三島由紀夫全集二六（評論二）』一九七五年、新潮社、四三六頁〕）。俳優も観客も、互いの意思を伝え合えるとしたらそれは、皮膚によってなのだ。むき出しの皮膚、常に新しく、汲み尽くせない皮膚。たとえば、（カール・テオドア・ドライヤー〔デンマークの映画監督、一八八九―一九六八年〕の）映画『裁かるるジャンヌ』（一九二八年）の中でファルコネッティが見せるあのひび割れた唇。

刃《やいば》は身体に切り込む、つまり、性器にも切り込む。

文楽の人形には性器がない。文楽の人形が男か女か見分けるには、外側のしるしによるしかない。慣習的に二次的特徴と呼ばれているものによるしかないのだ。

文楽の人形は解体可能である。かしら、両手、両足、足先がそれぞれ別々に片付けられていて、棚の上に置かれていたり、フックにかけられていたりする。公演の度に、これらの部分を組み立てて、着物を着せるのだ。その時の配役に応じて、空虚な中心を取り囲むようにして。文楽の人形の性器は別のところにある。三つの身体が空中にいくつかの曲線を描き出すだけで、奇妙な輝きを放つのだ、あたかも金環食のような輝きを。

私はアントワーヌ・ヴィテーズ〔フランスの俳優、演出家、一九三〇—九〇年〕演出の『ベレニス』の舞台〔一九八〇年〕を思い出す。ベレニスが舞台に登場するときは常に、その数歩先をベレニスの腹心役の女性が歩いている。舞台空間のこの二つの身体は、常に同じ距離を保つカーソルだ。二人がゆっくりと歩を進め、つかず離れずの間合いを保ち続ける様子は、二人ともまったく同じ原動力に動かされているかのようだ。王妃がお付きの女性の後に従うとは、何とも奇妙な二人組だ。そして、二人の先頭に立つのが、苦悩である。人形遣いの登場を見ると、この孤独な二人組のことが頭に浮かぶ。同じように距離を置き、同じように強く結び付いている。だが、三人の人形遣いが一体となり、一人の男となって、女性の人形を遣うとき、感動は最高潮に達する。

人形を「持つ」という表現は、あまりに技術的に過ぎて弱い。人形の「鍵盤に触れる」という言い方がより的確かもしれない。「クラヴサンの鍵盤に触れる（演奏する）」という、古の表現に倣って。（「触れる」という意味に加え、「もつれ（絡み合う）」という意味を込めるべきかもしれない。ジャン＝リュック・ナンシー〔フランスの哲学者、一九四〇年生まれ〕が両性具有者の、どちらとも決めがたい身体について書いた文章で述べているように。「もつれ、それは、触感のもつれに他ならない」)。人形遣いと人形によって構成される身体のとんでもない美しさを支えるのは、五つの接点のみである。いや、むしろ分裂点と言うべきか。四つの手足が下方、上方へと伸びていき、その中央には背中があって、すべてを繋ぐ。両肩の間は、日本のエロスにとってきわめて重要な場所である。主遣いがうなじを自由に操ることはない。主遣いが人形を支配しているのではないのだ。フェデリコ・フェリーニ〔イタリアの映画監督、一九二〇—九三年〕の『カサノバ』(一九七六年)のこの上もなく美しい愛の場面に見られるような、機械人形の目を突如しばたたかせたり、心の琴線をかき鳴らしたり、といった支配的な介入とは、文楽の人形遣いはまったく無縁だ。人形の衝動はどこから伝えられるのだろう。脊髄のあたりに秘められた共通の場所から、そして、全身の神経系の代わりとなる手からなのだ。

「訓練として、ある人物を演じるにあたって、身体の一部しか使わないようにしてみよう。たとえばハムレットの役をやるとして、この人物の複雑さ一切を、片手だけで演じてみるのだ。続いて、もう片方の手を使って、オフィーリア役をやってみる。こうしてみると、人形遣いのことを思い浮かべずにはいられない。ただし、ここで人形となっているのは、俳優の身体の一部でしかないが。」〔笈田ヨシ『見えない俳優』一九九七年〕

笈田ヨシは、若い頃、日本の伝統芸能の技術を学んだこともあって、こうした訓練をヨーロッパの弟子たちに提案することが多い。自らもこの訓練を何度も体験しているに違いなく、笈田ヨシは、この二重の演技によって強い感情が湧きあがってくるさまを観察するよう求め、問う。「そこで観察しているのは誰か」と。

「そこで観察しているのは誰か」、まるで謎々のように投げられたこの問いの根っこを辿ると、江戸時代に行き着くのではないか。この時代、男女を問わず俳優の中には、両性を融合させたいという欲望が生まれ、ゲイリー・P・リュープによれば〔『男色の日本史』一九九五年〕、両性具有に魅了される傾向が高まりを見せた。このような熱狂がどこまで広がっていたかをはっきり捉えるために、次のような現象をあえて指摘するべきだろうか。江戸時代には、風紀の乱れが絶え間なく取り沙汰され、暇を持て余した武士は女性化し蔑まれた。(このうちの多くの者が人形遣いにうつつを抜かしたとされる)。また、ある階層の女性たちは男性化して蔑まれた。このような現象が、徳川幕府の泰平の世を通じて見られた。後にこうした退廃幻想に新たな衣をまとわせたのが三島由紀夫であって、彼は、日米安全保障条約に守られた日本に退廃を見たのであった。退廃という考えは、元禄の世の医学界にも見られ、山本常朝《つねとも》〔一六五九―一七一九年〕は『葉隠《はがくれ》』(一七一〇―一六年。ちなみに三島由紀夫は一九六七年に『葉隠入門』を書き、この思想の再評価を試みた)において、人心を騒がせる結論を紹介している。そこで紹介されているのは医師亨庵《きょうあん》による結論で、男の脈と女の脈が危険なまでに同一なものとなってきたという。「さては世が末になり、男の気おとろへ、女同前になり候事と存じ候」（『葉隠』〔岩波文庫、一九四〇年、上巻、三七頁〕）。（ただし、「退廃」という語に、一九世紀ヨーロッパで発展した人種主義〔人種や遺伝的要素が社会現象に影響を及ぼすとする説〕に共鳴した意味を読み取るべきではない。そもそも正確を期してリュープが言うように、「退廃」という言葉は、「世が末になり」という日本語の翻訳であり、この表現は、仏教の末法思想に通じるものなのだから）。

とはいえ、多くの批判的言説が集中したのは芝居に対してであった。芝居においてはかなり自由なことが許されていたため、両性が混じり合う特権的な場所となっていたためである。そして舞台こそは、きわめて早い時期から、拡大鏡さながらの効果を発揮した。たとえば儒学者林羅山は、浄瑠璃に一時魅了されはしたが、歌舞伎に対してはより厳しい態度をとった。それは、歌舞伎においては男女の境界がかき乱されるためであり、それがたとえ衣装の上だけのことでも、許しがたく思われたのだ。

「男服《シ》二女服《ヲ》一女《ハ》服《シ》二男服《ヲ》一断《テ》レ髪《ヲ》為二男髻《ヲ》一横《ヘ》レ刀《ヲ》佩《ヒ》レ嚢《ヲ》卑謳俚舞淫哇噌雑蝿鳴蟬噪〔男が女の着物を着て、女が男の着物を着る。女が髪を切り、男のように髷を結い、帯刀し、巾着を身に付ける。女は恥知らずな歌を歌い、下品な踊りをする。女のみだらな声は、蝿や蟬同様にやかましい〕」（『林羅山文集』〔巻第五六〕一六六二年〔『林羅山文集』下巻、ぺりかん社、一九七九年、六六一頁〕）。

俳優に対してただちに烙印が押され、ここでは、その烙印は〔蝿や蟬などの〕動物にたとえるなど、またもや退化のイメージによって補強されている。

俳優に対する拒否反応をこれ以上挙げる必要はあるまい。それよりも、新しい生き方を探り、性差についてこれまでにないやり方で捉えようと積極的に模索する動きを示すことのほうがずっと生産的であろう。このような模索は、様々な禁止にもかかわらず続けられ、タブーを設け正常化を目指す権力にも根強く抵抗した。このような態度はあらゆる社会階層に広がり、男女どちらともつかないところにある均衡を快楽主義的かつ美的に追求する動きとして現れた。そのような均衡を表す言葉が「ふたなり」であり、たとえば、歌舞伎役者島田《しまだ》万《ま》之介《のすけ》を讃える次の狂歌に見える通りである。

　女かと見れば男の万之介ふたなりひらのこれも面影

（ここで用いられている「ふたなりひら」とは、「ふたなり」と九世紀の詩人〔在原〕「業平」を重ねた掛詞である。〔『書物の王国　九　両性具有』（国書刊行会、一九九八年）に所収の論考「ふたなりひらの系譜」の筆者〕須永朝彦によれば、最初の女形が生まれた時代には、業平の名前に、両性具有的なイメージが付与されていたのだろうという。ただ、業平の名前に両性具有的イメージが付与されるようになったそもそもの発端は、世阿弥の能『井筒』であって、業平の墓を訪れる女は業平の妻の亡霊であるが、井戸の水面をのぞき込んだこの女は、業平の装束と冠を身にまとった自らの姿のうちに夫の姿を認めて苦しみに打ちひしがれるのである）。

女形は、（風紀上の理由で）女性が芝居の世界から締め出された結果、女役を専門とするようになった俳優のことだが、女形は長らく特別の関心の的となってきた。女形が関心を集めたのはエロティックな理由からだけではない。たしかに初期の歌舞伎には、売春の色彩が濃かったこともあったのだが。男から女へ、女から男へと性を滑らせるように移り変わりを見せるその芸もまた、観客は見守っていた。その芸もまた成熟の度合いを高め、自らの力をますます意識するようになっていった。女形に関する言葉や逸話が書きとめられていく。女形の一人、芳沢《よしざわ》あやめ（一六七三―一七二九年）はとりわけ深い痕跡を残している。というのも芳沢によれば、女形の演技の素晴らしさは、舞台の上にいるときだけ役に集中することの成果ではなく、舞台の外で、どこであれ、そして常に磨きをかけた男女両性のどちらとも決めがたい魅力によるのだから。「平生《へいぜい》を、をなごにてくらさねば、上手の女形とはいはれがたし。ぶたいへ出て爰《こゝ》はをなごのかなめの所と、思ふ心がつくほど、男になる物なり。常が大事と存《ぞんず》る」（『あやめぐさ』、郡司正勝校注『日本古典文学大系九八　歌舞伎十八番集』（岩波書店、一九六五年）所収、三一九頁）。この言葉を伝える福岡《ふくおか》弥五四郎《やごしろう》は、そこに気取りを見るどころか、きわめて真摯に受け止めて言う。芳沢あやめの天才はまさに、そこまで芸に打ち込んでいるところにこそある。この情熱ゆえにこそ芳沢あやめは「古今女形の上手」（三一七頁）なのだと。

風紀を守ろうとするお上の拘束から生まれた両性具有の存在、女形はこうして皮肉にも、美的な教義へと変異する。芳沢あやめによって創始された女形は一八四二年、幕府に禁じられたが、芳沢あやめが規範を示した両性的人物像のおかげで、演技により身体のうちに穿たれる裂け目のうちに新たな可能性の宝庫があり、存分に利用できることが明らかとなったのである。そしてこの裂け目は、表象されるものと表象の間に常にきらめいて優美な姿を見せ、それゆえ、何かしら、芸のあり方を刷新するものを示す。他の演劇形態が男の役者によって占められているのと同様、女形の導入が、家父長的で女性蔑視の政策の一環であったことは間違いない。だが、執拗に差別を押し付ける法に逆襲する途方もない能力を舞台芸術が持っていることも忘れてはならない。そう、舞台芸術は差別的法を逆手にとり、理想を追い求め身を立てる手段とできるのだ。このような批判的抵抗の姿勢が常に緊張感を持って保たれていたがゆえに、線を引き直し、虚構の枠組みの中での社会的役割の具体的な再配分が行われたのだ。(たとえば遊女が刀を振り回し、女房がずけずけとものを言うなど)。だがおそらく、さらに繊細な形で、この批判的抵抗は、まさにテクストの中心に深い裂け目、現代的な裂け目を穿つ。(いずれにせよ、他の現代的要素もまた、この裂け目を伝えるものになるだろう)。その裂け目は、アイデンティティーの基盤に、そして、その揺るぎのない確信の内側に穿たれるのである。

再び近松に戻ろう。

「浄るりの文句みな実事《じつじ》を有《あり》のまゝにうつす内《うち》に、又藝になりて実事になき事あり。近くは女形の口上、おほく実の女の口上には得いはぬ事多し。是等《これら》は又藝といふものにて、実の女の口より得いはぬ事を打出《うちだ》していふゆへ、其実情があらはるゝ也。此類《るい》を実の女の情に本《もと》づきてつゝみたる時は、女の底意《そこい》なんどがあらはれずして、却《かえつ》て慰《なぐさ》みにならぬ故也。さるによつて、藝といふ所へ気を付ずして見る時は、女に不相應《さうおう》なるけうとき詞など多しとそしるべし。然れども、この類は藝也とみるべし。」〔『難波《なには》みやげ』、前掲書、三五七頁〕

ジュネは『女中たち』について次のように述べている。

「この戯曲が初演されたとき〔一九四六年〕、ある演劇評論家がこんなことを書いた。本物の女中はこんな風に喋らないと。だからどうだと言うのか。まったく逆ではないか。私がもし女中ならば、私の戯曲の中の女中たちのように喋るだろうから。そんな晩の女中たちのように。

というのも女中たちがそんな言葉遣いをするのはそんな晩に限っての話だからだ。だから不意打ちをして、その場面を捉えなければならない。女中たち、あるいは私たち各人が他には誰もいないと思っているその瞬間を捉えなければならないのだ。」

〔『ひらかな盛衰記』の〕遊女梅ケ枝とその一行に再度登場してもらおう。梅ケ枝の姿を思い描くと、グスタフ・クリムト〔オーストリアの画家、一八六二―一九一八年〕の手になるアデーレ・ブロッホ＝バウアーの肖像画の色とりどりの輝くばかりの細部の一つ一つが再び頭に浮かぶ。ピラミッドを思わせる形のドレスの上に透かし模様のように目がいくつも配されて、〔おびただしい数の目を持つ巨人〕アルゴスを連想させるあの絵だ。梅ケ枝もまた、私たち観客をじっと見つめている。だが梅ケ枝は、彼女の代役を務める布の裏地なしでは存在し得ない。実際に、私たち観客を陶酔させる効果は、彼女の身体を取り囲む布によって、布の寄せ集めによって生み出される。だが梅ケ枝は、ただの仮縫いの身体ではない。求愛する鳥が贅沢な羽根飾りを見せびらかすのとは違い、梅ケ枝が身にまとう装飾に極度の性的特質が与えられてはいても、それは、黒く灰色の着物と対照的な効果を出すためではない。くすんだ色がまばゆい色へと完全に裏返り、女性と男性が完全にひっくり返る。メビウスの輪が空間を駆け抜ける。

刃《やいば》は俳優の性器に切り込む、つまり観客の性器にも切り込むのだ。〔劇場は、世界と同じく、局所的なものではないのだから〕。男女がもつれ合った身体が私の身体を突き抜け、私を空ろにする。

最初の公演を聴いてから初めて、私は竹本越孝《たけもとこしこう》と鶴澤三寿々《つるざわさんすず》の国立劇場演芸場の楽屋を訪れる。健司もまた私と同じくらい気おくれしながらついて来てくれた、通訳をしてくれるために。私のポケットには、ピエール・ギュヨタが二〇〇〇年に『子孫たち』を刊行した折にこの作品の最初の数頁を朗読したものを収めたCDが入っている。五月にギュヨタが東京にやって来ることになっていたからだ。ギュヨタの『エデン・エデン・エデン』〔一九七〇年〕の邦訳〔榊原晃三訳、二見書房、一九七二年〕が刊行されて三〇年も経ってようやく実現した来日。〔二〇〇五年〕東京日仏学院でギュヨタの作品の朗読会を開くにあたり、竹本越孝と鶴澤三寿々の義太夫で幕開けをしたいと思い、依頼するのだ。私は二人に趣旨を説明しCDを手渡した。二人はためらいもせず、好奇心に満ちた好意的な態度で申し出を受けてくれた。演目を決めたのはもっと後のことで、中世の偉大な時代物を取りあげることにした。ピエール・ギュヨタの作品において、独自のやり方で幾度となく取りあげ、リズム化されている叙事詩的源泉と近いものがあるからだ。ギュヨタの朗読会は「組討」（まさに義太夫との一騎打ち）で幕を開けることになった……。

その前日ピエール・ギュヨタは、中野の小さな地下室 plan-B（一九八二年に舞踏のために作られた空間）で『売春』〔一九七五年〕の朗読会を行った。ギュヨタによって朗読されるテクストだけをたよりに、田中泯《みん》の半裸の身体が、ほぼ完全な闇の中で踊る。田中はフランス語を解さない。テクストの鼓動が、四つの壁に囲まれた空間でどう動くかを決める。地面をはうような動きをテクストの鼓動が主導し、筋肉の収縮と弛緩を命じる。物語の激しさから、地面の奥底から、柔らかな大地から人々が生まれ、手さぐりをする。突如新たに打ち出されたかのように、まさに今人々が生まれつつあるのだ。

ちょうどヴィテーズがシャイヨ劇場でギュヨタの『五十万の兵士のための墓』〔一九六七年〕の舞台を演出している頃〔一九八一年〕、高校生の私は、オルレアンの古い市立図書館、光輝きざわめく大きな図書館にいた（もっとずっと後の話だけれど、この同じ図書館の閲覧室の中をジョルジュ・バタイユ〔フランスの作家、思想家、一八九七―一九六二年〕が歩いている一枚の写真を私は見た。その瞬間、床がぎしぎし軋む音が再び聞こえてきて、きつい蠟の匂いまでが蘇ってきた）。雑誌や新聞をぱらぱらめくっていて偶然、ギュヨタの著作『書物』〔一九八四年〕の一ページにぶつかった。図書カードを集積した部屋、冬の太陽の光がめいっぱい差し込み埃が舞う図書館のその部屋で、椅子に座って私はそのページを読んだ。強い暖房で暖められた空気は、純古典的なスタイルの背の高い窓のガラスでしっかり室内に閉じ込められていた。けれど、こんなにはっきりした記憶が残っているのは、その時読んだページの調子が鮮烈に記憶に残っているためだ。その時読んだページの調子は私の全感覚を研ぎ澄まし、その時の記憶を深く刻み込んだ。

「(そして今や始まりだ！　高貴な序曲の後には、オペラが、そして芝居が！)」

ギュヨタの朗読会当日、聴衆は目の前の光景にまだ目を疑っている。舞台衣装をつけた二人の女性がやって来て壇上に腰を下ろしたのだから。ピエール・ギュヨタは客席に座っている、『子孫たち』を脇に置いて。どんな効果が生まれるのかも分からぬまま、私はここでの声の出会いに賭けていた。一方には、太古からの声、物理的に伝えられてきた様々な遺産を引き継いだ重みを持つ声がある。もう一方には、極度に現代的で、終末のそして災厄の時の最先端にある声がある。

この二つの声が今ここで出会うのだ。私は確信していた、二つの声は混じり合うはずだ、叙事詩的な次元以外のところでも。なぜなら、ギュヨタは随分前から、演劇、音楽、そして言語の音としての物質性に重きをおいて創作活動を行ってきたのだから。「すべて、強烈な言葉の状態で」。二つの声が混じり合うといっても、もちろんそれは、それぞれのやり方においてということだ。竹本越孝の声が炸裂した後で、ピエール・ギュヨタの朗読が始まった。そこには怪物の姿が溢れ、切り刻まれた無数の死体の性別も分からない。だがギュヨタの朗読は、むしろ祈るようで、ささやきにさえなっていく。それでもギュヨタのテクストが喚起するおぞましさは、朗読者の優しい声によって切れ味がにぶることはなく、むしろこれを新たな光の下に提示する。けれど、このような受け止め方をされることはギュヨタにとって目新しいことではない。完成を目前にして『書物』の数頁を友人たちのために録音したとき気付いたことをギュヨタは次のように話してくれた。「私の朗読の優しく軽やかな調子は、友人たちの不意をつき、がっかりさせたのです。私が書いたものは、暴力的なやり方でなければ朗読できないのでしょうか。妖精のような嘆き節で、悲劇的なげっぷを聞かせてはいけないのでしょうか」。ピエール・ギュヨタの武器は、声を荒らげることではなく、エクリチュールを練りあげることにあり、母語の言葉、文法、統辞法に対して負荷をかけるところにある。母語が歴史に担わされたものを通じて、また歴史が手荒く抑圧してきたものを通じても負荷をかけるのだ。そして、「書かれた素材」とギュヨタが名付けるものが取り戻す手助けをしてくれるはずのもの、それは植民地の言葉であり、方言である。(しかも、耕作中のこのフランス語を日本語に翻訳する数少ない試みのうちの一つは、大阪弁を用いて行われている。きついと悪名高い大阪弁は、文楽の舞台で今もなお響き渡っているが、谷崎を一時閉口させたのもまた、大阪の言葉だ）。

ポール・クローデルは能に魅了された。文楽に対しても同様で、とりわけ文楽の人形とその可能性に魅了された。クローデルが常に好奇心を研ぎ澄ませていたことは次の言葉からも明らかだ。「人形に命を吹き込むのは一人ではない。二人、あるいは三人がかりなのだ。彼らの身体も顔も問題にならない。彼らは黒い衣に身を包み、手も顔も黒で覆われている。影のような黒布の中心となるのが人形であり、人形を共に動かす共謀者たちの存在はやがて忘れ去られる。」（クローデル『朝日の中の黒い鳥』一九二九年）

能や歌舞伎でもそうだが、文楽における黒は、目に見えないというしるしである。ところが顔を隠している人形遣いは、状況に合わせて変化する。舞台が雪に覆われると、人形遣いの衣装も変わる（雪衣《ゆきご》となる）。急に春めいて舞台が緑になると、人形遣いの衣装もやはり変わる。

ところが「文楽」についてこの文章を書いて二年後、大阪に戻ったクローデルは前言を撤回し、こう書く。「まず、人形遣いたちは皆頭巾をかぶっているわけではない。顔を出している者が何人もいる」〔『詩人と三味線』一九二六年〕。

〔これらの文章の記述の対象となっている〕一九二四年と一九二六年の間の二年間に文楽座で何が起きたのか。一部の人形遣いの自己顕示欲の強さが、慎み深さの規則を打ち負かしたのか。クローデルは、文楽の舞台において起きた変化の重大な転換点をその目で見たということか。『詩人と三味線』の作者クローデルがこの現象を説明するのはもっと後の話だ。クローデルの序文を冠した『日本の人形芝居』において宮島綱男《つなお》は、次の点について明確な説明を行っている。すなわち、人形遣いが全員頭巾をかぶるのは世話物の上演においてのみのことで、時代物においては、主遣いは出遣いをすることが許されている、と。つまりクローデルが最初に見た舞台は世話物で、つづいて時代物を見たということなのだろう。世話物、時代物というジャンルの違いによって衣装が決まり、人形遣いの存在感にも濃淡がつけられることを知って、クローデルは叫び声をあげる。「そのほうがずっと素晴らしいじゃないか」と。そうなるともはや疑いの余地はない。考えを改め(「後悔」という言葉を使いたい気さえしてくる)、最初に文楽に魅了されたときの印象がすっかり押し流されてしまったのだ。その結果、人形に仕える単色の召使いたちが一歩引いたところで「威厳にあふれ熱狂的な小さな主人」の引き立て役となっているという第一印象が改められたのだ。これ以降クローデルの心を奪ったのは、人形をめぐる光と影のきらめきであった。

「交錯する光線から成る複数の光源に晒される物体が作る様々な影(くっきりとした輪郭を描くものもあればそうでないものもある)、そうした影に私は人形遣いたちを引き比べていた。人形遣いは、それ自体としては中身を持たない包みのようなもので、顔のない残存物、どんな生き物も必ず残す痕跡に似ているようにも思えた。どんな生き物も、絶え間なく手放しては再び取り入れる混沌とした外見の茂みを連想させたのだ。当然のことながら、こうした外見のうちには、複数の次元の現在と鮮明さが存在する。」〔クローデル『詩人と三味線』〕

したがって文楽は人形遣いの存在を忘れさせようとするどころか、人形遣いがそこにいることに出来る限り注意喚起するのだ。

天才的なひらめき、それは主遣いの頭の覆いを取り払ったことだ。（今や私はすっかり確信しているが）これも必然であった。文楽の舞台のゆるやかな変容の末、まるでこの変容を締めくくるようにして、三人の人形遣いの内面に子午線が通過して、一人を他から区別して、闇の中から引き出したのだ。主遣いに威光を与えるためではなく、観客の目が方向を見失うようにするためである。（犬と狼の区別もつかないほど暗い）夕闇の中に観客は突如投げ込まれる。いやむしろ、目に見えるものと見えないものの間で絶えず引き裂かれるのだ。

これは必然であったのか。もしそうなら、いつこのような転換点が訪れたのか。

文楽の舞台についてのささやかな年代記

この年代記においては、文楽の舞台においてある力学が働いて、舞台に登場する人形遣いたちが自らの姿を見せようとする傾向が強まり、舞台の上でますます大きな空間を占めるようになり、増殖していったことを示そうと思う。

一七世紀を通じて、人形遣いの姿は観客の目から隠されていたことは図像が明かしている。間仕切りによって、あるいは傾斜をつけた仕切り板によって（一六二〇から五〇年の京都）、あるいは舞台と客席の間に、紋章入りの布を張ることで（一六九〇年頃）。蒔絵師《まきえし》源三郎《げんざぶろう》の手になる絵〔『人倫訓蒙図彙《じんりんきんもうずい》』七巻〕には、地べたに座っている観客の目からは見えなかったものが見える。両腕両足をむき出しにした二人の男が、それぞれ一体ずつ武士の人形を操って、幕を張った衝立〔幕手摺〕の上で人形に刀を交えさせている。彼らの後ろの壇上には、三味線弾きと太夫が向かい合って演じているが、その姿もやはり観客からは見えない。そして人形遣いがもう一人、人形がぶら下げてある壁から一体の人形を取り外して、人形の頭を肩の高さまで掲げ、舞台に出るタイミングをうかがっている。舞台は、黒い幕の後ろで演じられているが、その黒い幕が、この絵の左上を横切って視線を妨げる。この幕には面白い名前がついている。「面隠《つらかくし》」という名前だ。操り人形芝居の舞台は、人形遣いの姿を隠す役割を果たしていたということだ。だが、他の文献を見ると、姿を見せないという制約を時には無視する人形遣いがいたらしいことも分かる。一六七〇から八〇年頃の、〔説教節太夫〕江戸孫四郎《えどまごしろう》の操り人形芝居においては、何人かの人形遣いが幕手摺の上に顔を出し、観客にまったく新しいイメージを見せている。人形遣いと人形とが、突如向き合って、同じ平面で動いているのだ。

一七〇三年

『曾根崎心中』はいわば二重の意味で「始まり」だと言えよう。この作品は世話物であり、文字通り「世間の人の口に上った出来事」を題材とする。この作品は、最初の世話浄瑠璃であり（近松作とされる歌舞伎『夕霧七年忌』（一六八四年）も世話狂言である）、遊女への愛を貫こうとした手代の悲劇が語られる。この作品は、予定されていた時代物が少々短過ぎるということで、ほとんど最後の最後になって付け加えられるようにして上演された。初演時の人形遣いの一人、辰《たつ》松八郎兵衛《まつはちろべえ》は、その才能と繊細な所作ゆえに（そしておそらくは、美貌ゆえにともされる）選ばれたが、この時、それまで恒例となっていた手摺を取り払って、向こうが透けて見える幕が使われたため、人形遣いの姿が観客の目に入るようになった。これは舞台美術における画期的出来事であった。これまで人形遣いの上半身がためらいがちに示されたことはあっても、人形遣いの身体全体が影から抜け出したのはこれが初めてのことだった。これはまったくの偶然か、それとも、舞台上でもテクストのレベルでも時を同じくして初めて「民衆」の姿が登場したのは、そこに政治的思惑が働いていたと見てよいものか。

一七〇五年

人形遣いの姿を観客に見せようとする意志がはっきりとしたものになり、強まっていった。この年近松の『用明天王職人鑑《ようめいてんのうしょくにんかがみ》』が上演された。この時、幕は完全に取り払われ、太夫と三味線弾きもまた、人形遣いの傍らに姿を見せた。これを見て観客は喜んだに違いない。こうして、人形遣いの姿が観客に見える顔見世浄瑠璃の時代が到来した。西沢一風《にしざわいっぷう》は『今昔操《いまむかしあやつり》年代記』（一七二七年）において」、この舞台の一場面を描いている。これを見ると、人形遣いは一人で人形を動かしており、人形を頭上高く掲げている。人形遣いの手足は舞台衣装の着物に覆われているが、頭巾はかぶっていない。太夫や三味線同様、人形遣いもまた、顔を出して演じているのだ。（そうなると、人形遣いは、この後に皆頭巾をかぶるようになり、その後、主遣いだけが頭巾をかぶらなくなったという経緯になる。人形遣いの頭巾に関して、その進化の過程において最初のゆがみが生じる……）。

一六八五年

芸術家たちがこうして自らの立場を確立していったこの時期に、もう一つの重要な出来事として挙げておきたいのが、作者の出現である。一六八五年まさにこの年、当時はまだ歌舞伎作家であった近松自身の働きかけによって、看板やチラシに近松の名前が初めて登場した。スター役者の気まぐれに晒されることがあろうとも、作者として自分の名前を掲げることで、自分の作品であることがはっきりし、芸術作品としてふさわしい扱いを受けることができると近松は考えたのである。歌舞伎役者評判記『野良立役舞台大鏡《やろうたちやくぶたいおおかがみ》』〔一六八七年〕の作者は、売名行為だとそしる批判の矢面に立たされた近松の肩を持ち、次のように述べている。

「ある人の曰《いはく》よい事がましう上るり本ニ作者かくさへほめれぬ事じやニ此比はきやうげんまてニ作者を書　剰《あまつさへ》芝居のかんばん辻《つぢ》〱の札ニも作者近松と書《かき》しるすいかいじまんとみへたり此人哥《か》書《しょ》か物語をつくらば外題《げたい》を近松作者物語となん書給ふべきや

答て曰御ふしん尤ニは候へどもとかく身《み》すぎが大事ニて候古《いにしへ》ならば何とてあさ〱しく作者近松などゝ書給ふべきや時ぎやうにおよびたるゆへ芝居事でくちはつべき覚悟の上也しからばとてもの事に人にしられたがよいはづじや」〔『歌舞伎評判記集成』第一巻、岩波書店、一九七二年、二四四頁〕

　これ以降、作者の名前は台本と切り離せないものとなるが、文楽のテクストは、早くも最初の公演から全文が刊行され（歌舞伎の場合には、台本の刊行は一九世紀末を待たねばならなかった）、観客はこれを手にすることができた。今日なお、文楽の床本は、プログラムの中に別冊として挟み込まれているし、床本のテクストは、映画の字幕のように舞台両脇の電光掲示板を流れていく。

一七〇三年

『曾根崎心中』（やこれに続く多くの世話物）は、由緒ある時代物と対等に渡り合ったのみならず、一六四四年以来日本の劇作に対して課せられてきた禁制の一つをユーモアたっぷりに逆手にとり、自分に有利なものとした。これまで、上演台本において、著名な人物の名前を用いることは禁じられ、最近の出来事はもちろん、幕府のイメージを損なう出来事を舞台にのせるなど論外とされてきたのである。同種の禁制は、定期的に文言を改めて公布されたが、そもそも徳川時代には、芝居をめぐるあらゆる禁令が発布された。(ドナルド・H・シャイヴリが説くように、少なくともこのことから分かるのは、これらの禁令の矛先となった芝居の世界がいかに論議を醸すものであったかということだ)。一七〇三年初めに出されたお触れ書きでは、「当世の途方もない出来事やこれに類するものは、舞台にかけてはならない」ことが強い調子で再度述べられている。何度目か分からないほどのこの禁制を近松が知らなかったはずはないが、こうしたお触れ書きを再三発布するほど、幕府は自分たちへの批判が統御できなくなる事態を恐れていたのだ。いずれにせよ、近松の関心は既に別のところにあった。この年の四月、大坂で起きた心中事件が世間を騒がせていた。醬油商平野屋の主人の甥で手代の徳兵衛と天満屋《てんまや》の遊女お初は、仲を引き裂かれないために、心中したのである。その一月後、近松はこの心中事件を元にして浄瑠璃を書いたのみならず、登場人物の名前や境遇に至るまで、そのままとったのである。誰に禁止される筋合いもない。舞台にかけるのは、蔑むべき心中事件なのだし、お偉方とは何の関わり合いもないことなのだから。歌舞伎もまた、こうした司法の空白を突いて、巷の出来事をネタにする場合があった。近松の『曾根崎心中』の二週間ほど前にも、江戸の劇場で幕間劇として、この事件を元にした即興の無言劇が演じられた。こうした客引きのようなやり方に走ることなく、近松は劇作家としての社会意識から、この事件の持つ悲劇性の途方もない潜在力に着目した。これまで舞台で取りあげられることのなかった名もなき人々の運命を舞台に上げ、「道行」という名誉を彼らに与えたのだ。恋人たちは死に向かって最後の旅をする。けれど、その死に向かって心静かに進んでいく。自分たちを取り囲む不幸から逃れ、二人の愛を貫くためのたった一つの道なのだから。道行という文学ジャンル自体は、中世以来豊かな伝統を持ち、古浄瑠璃やその他多くの文学作品にも見られたが、この道行というジャンルが、『曾根崎心中』によって初めて、名もなき人たちに対しても開かれたものとなったのだ。こうして、これまで顧みられなかった人々を、扇情的事件という社会的偏見から解き放つことで、新たな詩的空間が生まれた。そこでは、彼らもまた、物語や歌にふさわしい登場人物となったのである。

一七二八年

通説によると、この年を最後に、太夫と三味線は、舞台裏の演奏空間から飛び出し、舞台上の彼ら専用の独立した場所に位置を占めるようになった。当然ながら、歴史的事実は、このような孤立した点として説明できるものではない。早稲田大学〔名誉教授〕の内山美樹子に尋ねたところ、舞台上の演技空間に太夫や三味線の姿を観客が見ることができるようになったのがいつからのことか、はっきり確定するのは不可能だという。内山によれば、私たちの手に残されている図像は、珠玉の公演とされているものばかりを取りあげているため、そうした特別の機会には、太夫や三味線が舞台に登場していても不思議ではない。（そう言って、『壇浦《だんのうら》兜《かぶと》軍記《ぐんき》』一七三二年の有名な「阿古屋《あこや》琴責《ことぜめ》」の絵を見せてくれたが、この絵では、太夫と三味線が、舞台端にはっきり描かれている）。けれど、と内山は言う。これは例外で、太夫や三味線が舞台に登場する贅沢が許された公演はむしろ少数派であったはずだ。太夫や三味線の場所が舞台上に設けられない場合には、人形が出入りする上手の入り口上方に設けられた小部屋、竹の簾で隠された小部屋のようなところにいたと思われる。一七六五年の図で確認できるように、仕切りの後ろで、前をはだけた太夫と三味線が、相撲取りさながらの太鼓腹で汗をかきながら、舞台上の人形を見降ろして、命を吹き込んでいる。一九世紀初頭になると、高いところで演奏する太夫や三味線よりも、これより低い所に設置された舞台が優先されるようになるが、それまでは、不意打ちの視覚的効果を狙って、太夫や三味線を即興で舞台に登場させていたのだ。だが、そればかりではない。

　舞台上の空間を厳然と区分し、太夫と三味線の空間を演技空間から隔てる考えは、一七二八年というまさにその年に、時間を切り分けるようにして、斬新で粋な革新として演劇人がいきなり思い付いたわけではない。空間の二分割は、これとは少し違うやり方ではあれ、一世紀前に既に試みられていたのだ。（筆者不詳の）ある資料に見える京都の舞台では、舞台上に張り出した床に、太夫と三味線の姿が見えるが、この二人は女性である。この細部は重要である。なぜならこれが、おそらく一六二〇年代の舞台、いずれにせよ、一六二九年に女性が舞台に立つことが勅令により禁じられる以前の舞台であることを示すものであるからだ。それに、当時太夫や三味線が観客の目に見えるところに出るという特権を享受したのは、どうやら女性に限ったことであったらしい。〔著書『日本の古浄瑠璃』（一九六六年）において〕チャールズ・J・ダンはこの文献からなんら結論を導いてはいないが、古浄瑠璃では、「特別な事情」がある場合には、こうした配置もあり得たのだろうとし、今日の視点から考える場合には、これはいくつかある選択肢の一つとみなすべきであるとする。したがって、私が当初思っていたのとは違い、進化は直線的なものではなく、起伏があるということだ。そもそも私が辿り直そうとしている舞台の歴史全体が、このような「特別の事情」によって左右される偶発的な体制に従えられていると言えるだろう。

今日でも、（太夫と三味線の出語り床が舞台上手にあるのに対し）、楽器奏者たちは舞台下手の御簾内《みすうち》にいて、彼らの姿は御簾を通してしか見られない。御簾内の囃子方は、能の舞台でも使われる小さく乾いた音を出す太鼓や、もっと暗い音を出す鼓、ドラや笛を演奏する。御簾内と出語り床によって醸し出される効果は「立体音響効果」とでも名付けたくなるが、この立体音響効果は、視覚的な非対称（御簾内が上方にあり隠されているのに対し、出語り床は下方にあり姿を晒している）によって、絶妙なバランスをとっており、耳を傾ける者の身体を常に目覚めさせて、揺さぶる。それに文楽は、楽器の音を局地的に出現する一過性のものと結び合わせてやまない。出語り床の右の扉が開いて、ほんの数分間だけ、大きな琴や小さな胡弓が出現したりする。胡弓の悲しい音色は、切腹の場面で使われることもある。これらの楽器はちょっと姿を見せたと思う間もなく、曲が終わるとすぐにまた姿を消してしまう。こうした楽器奏者は、出語り床に登場することもなく、ただ舞台袖の半開きの扉から音楽だけが聞こえてくることも珍しくない。このように音が立体的にいろんな方向から聞こえてくる、それが文楽なのだ。文楽の観客は（ヒッチコックの『裏窓』一九五四年の主人公役のジェームズ・スチュワートと化し、椅子に釘付けになって）自分に向かってくる音をただ受け止めるしかない。ほんのちょっとした音が耳に飛び込んできても、思わずぎょっとして目を見開くのだ。

一つ確かなことがある。そしてこれは、それぞれの芝居の現在において、確かめられていくことなのだが、出語り床は、演技空間の分離、身体と声が最大限に分離していることをはっきりと示す。けれどどこの分裂増殖は、空間を分かつのみならず、とりわけ、視線の方向にはっきり現れる。演技空間にいる者と音楽空間にいる者との間には一瞥も交わされない。太夫や三味線が舞台上で起こっていることを凝視しているのを私は一度しか見たことがない。それは『仮名手本忠臣蔵』の判官切腹の場面であったが、この場面では太夫の語りも三味線の音楽も例外的に一時中断するため、このようなことが起きたのであろう。私たちには知るよしもないことだが、その昔、衝立や竹の簾の陰に隠れていた頃には、太夫や三味線にもいくらか行動の自由があったのではないか。自分たちの姿が見えていないのだから、人形の動きを見たり追ったりできたわけだ。ところが、声が宿る身体が視線に晒され、その声を発する顔が前面に押し出されるにつれ、声が独り立ちし、自らを解き放ち、言うならば、外の世界を見に旅立ったのである。こうして、同じ物語が〔片や人形遣いによる動き、片や太夫の声と三味線という〕二つの方法で、私たち観客の前に同時に差し出されるのだが、驚嘆すべきことに、どちらも相手のことがまったく視界に入っていないのである。

声は今や独り立ちした。（人形遣いも太夫も皆、衝立の後ろで演じていた時代でさえ、動きと声の重心は別々だった）。だが、声が叙事詩的起源を手放したことはこれまで一度もない。（この声は常に遠くから響いてくる。それもそのはず、言葉なき操り人形に魔法をかける声なのだから）。この声が、少しずつ形を成してきて、演技空間を離れて肉体を獲得したもの、それが太夫なのだ。芝居の主題から切り離され、三味線の音楽に押し流されて、この声は、声以外のものになる他ない。（豊竹咲大夫の声がまるで大地をひっくり返すかのように響くのを聞くとそんな気がしてくる）。声はこっそり逃げ出して、自由自在に動き回り、目の前に現れてくる領地の探索を開始し、新たに手に入れたばかりの自由、だんだん大きくなっていく自由を満喫し始める。声は感じ取ったのだろうか？　言葉の通常の規範などもう守らなくてもいい、これからはこれまでと違う声の出し方をすることが突然許可されたのだ、何かを述べるのではなく、声を出せばいいのだと。何かを伝えることよりも、声そのものが求められているのだと……。たとえば、それぞれの音の間の広がりを掘り下げて、超低音から超高音まで出るようにするだけではもはや充分ではない。極端な音をさらにかき回し、極端な音を次々に重ね合わせて、文字通り様々な力が出会う場とし、太陽風を起こし、融合を引き起こさねばならない。こちらでは、ほとんど聞こえないほどのピアニシモかと思えば、突如磁気を帯びて爆発音に変わり、そしてまたすぐに消えていく。そしてあちらでは、滑らかなテヌートが、粒状になり、ダマになり、ぶつぶつという音になって消えていく。(築地市場の早朝のマグロの競《せり》でのかけ声にも似て、きわめて低い周波数の音を出す群衆の声は、非常にゆっくりと消えていく)。遠ざかるほどに、声は物質性を獲得し、原始スープのように濃くなっていく。「スープ」という語に、田舎臭さというコノテーションは付けないでもらいたい。それどころか、ここで私が語ろうとしているのは、この声がいかに洗練されているかということなのだから。豊竹咲大夫の声は、そして、竹本越孝の声は、彼らの声が抜け出してきたところからはるか彼方に飛んでいき、退行の印象を与えるどころか、創生時の様々な要素が再び創り直されているかの印象を与える。そう、彼らの声は若返りの泉、声帯からほとばしる声は、創生期のあらゆる資質をみずみずしく沸き立つままに保ち、意匠を尽くしてあらゆる方向へと自在に動かすのだ。

ピエール・ギュヨタの朗読とそれに続く討論(アラビア語に対してギュヨタがどのような関係を取り結んでいるのかが議論の中心となった)が終わると三寿々が観客の前に再び姿を見せて、

この出会いの場のフィナーレとして、きわめて短く爆発的な三味線の独奏を披露した。絶妙なタイミングで再び登場して三寿々が聞かせてくれた繊細で力強い演奏は、この朗読会の主役が音楽だったのだということを改めて意識させてくれた。

生成としての音楽、芸術となり、芸術の中に身をうずめる言葉の冒険と言ってもよいかもしれない。

ドゥルーズとガタリはこう書いている。「そこにいるのはさえずる鳥ではなく、音を発する分子なのだ」と〔『千のプラトー』〕。

このような声の解放の本質を見定めるためには、さらに時を遡る必要があるだろうか。竹本座が舞台空間を二つに分けた時点よりもはるか前まで遡り、演じられている筋書きから声が根こそぎにされてしまった演劇史上のあの時点に立ち戻らねばならないのか。実際、この亀裂はもっと前に生じていたのだ。日本の舞台から女性が追放されたあの時に。女性を追放した結果、日本の舞台はその後二世紀半の間男性の占有物となった。一六二〇年の作者不詳の絵から察せられるように、女性が舞台から完全に姿を消すのに先立ち、芸術的理由よりむしろ（おそらくは）興行目的を優先させて女性の姿を誇示するとも言うべき動きが見られたことは大変重要である。年代記は気まぐれだ。だが〔女性が舞台に立つことが禁じられた〕一六二九年は決定的だった。

舞台から女性が追放された歴史はよく知られている。歌舞伎の舞台に女性が立ち戻ることはついになかった。明治維新後に女性を歌舞伎の舞台に戻そうという動きもあったが、本物の女性だと、普通の女性と変わらないというので、女性の役を演じるのはやはり男性に限るという話になった。そしてこれまで通り、男性の俳優が女性の人物について与える距離感のある演技が相変わらず継承されていくことになった。だが浄瑠璃においてはどうか。勅令は別のやり方で適用されたのである。

(女太夫は、それまで男太夫と力を合わせてやってきたのだし、男太夫の舞台名にあやかった名前をつけることもしていた。だから、一五六〇年代にはもう、当時の太夫の名にあやかって六字《ろくじ》南無右衛門《なむえもん》という名前をつけた女太夫もいた)。女太夫は、男の太夫に場所を譲ることを大人しく受け入れて消えることを望むどころか、自分たちの芸を披露するための別の場所を求めた。自分たちだけで、舞台の幻影装置に頼ることなく。こうして女太夫は中央を離れ、常連さんや養成中の弟子といった限定された集まりにおいて、場末や港町の民家で演奏したのである。なかには、地方に散っていき、辺鄙な村に落ちのびる者もいた。後に、人形浄瑠璃の舞台が閑散としてきた折でさえ、女太夫の語りは(中心から外れたところにあるのが常の)花街でもてはやされ、その人気は、江戸時代全体を通じて衰えず、当時の三大都市においても変わらぬ人気を誇ったのである。「太夫」という語は元々「高位高官」の呼称であったが、これが転じて、能や歌舞伎役者の長に与えられる称号となった。そしてついには、堀と壁で閉ざされたこの一角、芸術と娯楽のためだけのこの一角、幕府の権力によるお墨付きを得て管理されているこの一角において、義太夫節や三味線に秀でた遊女に与えられる呼称ともなった。（ただし、この一角には、壁の外の町の売春の一切が集約されていたことを忘れるわけにはいかない。何千という女性が捕らわれの身となり、厳しい序列の下に置かれて、五百ほどの役割を担わされ、それぞれの仕事に従事していたのである。それらの仕事は性的なものであるなしにかかわらず、その対価としてお金が得られ、識別のための肩書も与えられた）。女義太夫に対する幕府の攻撃は枚挙にいとまがなく、一八四一から一八四三年の間には、女義太夫の隆盛もすさまじく、何度も勅令が発布されて、女義太夫の増加を嘆いている。道徳を侮辱し、将軍の権威を傷つけるものとして女義太夫は糾弾されたのである。しかしながら、一八七七年に女人禁制が解かれるまで、どんな法令も、女義太夫の勢いをそぐことはできなかった。歴史学者キミ・コールドレイクは〔『女義太夫と日本の伝統芸能』（一九九七年）において〕こう結論づけている。かくも多くの禁令が出され、女義太夫を執拗に攻撃したということ自体、その攻撃の政治的失敗を裏書きするものと捉えるべきであろうと。

（女義太夫という隠された世界についてほんの少し前まで何も知らなかったこの私が、まるで見て来たように語っているのにふと気付く。異国の文化の中にあえて読書を通じて入り込むこともある。だがラドヤード・キップリング〔イギリスの作家、一八六五―一九三六年〕は次のように述べている。「初めての国に来てから本を調べ始める人は、道に迷ってしまう」と。だから私は、自分の感じたままの思い出を大切にしたい。ある夕べ、楽しく夕食を共にしているとき竹本越孝から直に聞かされたことは私の心を揺さぶった。さっきまで語っていた昔の話はひとまず置いておき、つい最近の出来事を語るとして、越孝の話では、ある行政機関で臨時職員として働いているらしい。というのも、女義太夫としての芸だけでは生活していけないからだ）。

新しいタイプの浄瑠璃、いみじくも「素浄瑠璃」と名付けられた「素っ裸の」この歌は、その力をどこから引き出したのか。高度に体系化された交わりを強いられ、厳しい監視の下で地下に潜ることを強いられたこれらの声に秘められた官能的魅力は無視できない。やはり風紀紊乱を正すという口実の下に、一九〇〇年文部省は、ファンクラブに所属する大学生が、女性が出演することが許されるようになっていた場所に足繁く出入りすることを禁じた（ただし、効果はなかった、と言っておかねばならない）。もっとも、声に対する熱狂がいくら強烈なものでも、それ自体が見世物のすべてとなったこれらの声の魅惑を説明することはできない。声の魅惑は、もっと大きな流れの中に溶け込んでいたように思われ、その大きな流れは、嗜好や慣習の深いところをあまねく流れていた。（女太夫同様、声による変装で観客の心を乱していた）男の太夫もまた、おそらくは女義太夫の成功例に触発されて、早いところでは一六六〇年から（近江大掾《おうみのだいじょう》が先鞭をつけ）、裕福なお屋敷への出張公演（座敷浄瑠璃）を行うようになった。この慣習は一七〇〇年を境に、より一般的になっていく。したがって、文楽や歌舞伎などの舞台芸術は、その始まりの時点から（と言ってよいかもしれない）、声と三味線のみで演じられる浄瑠璃と競合関係に置かれていたのだ。この点について鳥越文蔵は、江戸時代の大衆演劇はおのずと二つの流派に分かれるのだとする。「単純化して言うと、歌舞伎は目に語りかけ、浄瑠璃は耳に語りかけたのです」。だが浄瑠璃が目に訴えかけることを（部分的に）断念したからといって、芝居そのものを放棄したということになるのだろうか。（テアトロンのテアとは「見るという行為」であり、別の伝統に属する、ギリシャ演劇の語源となる言葉だが、日本の伝統と無縁というわけではない。日本の伝統においても、「芝居」は語源的には観客席と繋がりを持つではないか）。（三三頁を参照のこと。この点については藤井慎太郎の教示を受けた）。

次のことは疑い得ない。つまり、江戸の浄瑠璃からは複数の流派が生まれたが（鳥越文蔵は少なくとも三つの流派をそこに認めている）、それぞれの流派の太夫、そして女義太夫の太夫は、テクストを音読するだけではよしとしなかった。太夫はむしろテクストに厚みを与え、しかも、そこにない場面の様々な情景や喧騒を声の出し方だけで、現前させたのである。太夫が作り出す全体の雰囲気から、豊かな声色によって醸し出される登場人物が顔を出すのだが、まるで浮き彫りを見ているかのようだ。豊かな声色が作り出すこれらの存在感溢れる人物をジョルジュ・バニュはいみじくも「まさに声によって生み出される仮面」と名付けたが、こうして声によって生まれた生彩豊かな人物に、私たち観客の耳は打たれるのである。もしかすると太夫は充分意識しているのかもしれない。「耳を傾けること、それは、その空間の中に入っていくことでもあると同時に、私自身、その空間に貫かれることでもある」〔『耳を傾けて』二〇〇二年〕とジャン＝リュック・ナンシーは述べ、主体が耳を傾けるという行為によって最大限に開かれた状態にあることにこそ、最高の美学的条件を垣間見たが、この感覚を太夫も共有しているのかもしれない。聴覚は視覚以上に、もしかしたら触覚以上に、そこに参加するという明白な意識を必要とする。こうして私たちは、表象のまったく新たな次元を目の前にしているのかもしれない。表象の新たな次元とは、口頭によるもので、「口によるもの」と言ってもよいかもしれない、雷鳴のようなものである。そればかりではない。私たちは、これまでに例のない新たな状況に立ち会ってもいるのではないか。それは、演劇テクストが一切の拘束から解き放たれ、膨張していくイメージであり、それは、論理的に制御される韻律、迫真法のために一切が捧げられていた韻律とはかけ離れたものである。（ラシーヌ『アタリー』一六九一年、第二幕第五場）「それは深い闇に包まれた夜の恐ろしい出来事……」等の）悲劇の場面を描く高貴な修辞学の技法として知られる迫真法は、対象がまるで目の前にあるかのように描出し、「迫真法」という語の語源が示すごとく、まさに「刻印」の幻想を生み出すものとしてあった。ところが、従来の迫真法は、常に視覚的な制約に従えられ、あるイメージを心に刻みつけること、つまり、見せることに主眼が置かれていたのである。ところが、三味線の張り詰めた皮に打ち付けられる撥の音に合わせて、太夫の声帯、口蓋、声門、粘膜が思い起こすのは、はるか昔の先駆者たち（琵琶法師）が盲目であったという事実である。太夫の声が生み出す世界は、絵画のような固定したものではない。これとは対極に位置するものであって、乱気流の発生する場であり、自在に伸び縮みし、中心点を持たずして周囲に広がっていき、輪郭を持たない線を描いていく、地震計のようだ。加藤周一の言葉を借りるなら、浄瑠璃は、「聞きどころ」〔『日本文化における時間と空間』岩波書店、二〇〇七年、八一頁〕に満ちており、耳をそばだてるよう要求するのだ。

西洋の主体が視覚に頼る必要を感じ、ジャン=リュック・ナンシーが「明確化」と呼ぶ操作を欠かさずにいられないのは、もしかしたら、視覚を通じて現象と向き合うことでしか、自らの「定義」を行うための足場を築くことができないためではなかろうか。アリストテレスからブレヒトに至るまで、演劇は、こうした視覚的な対面の理想的な場としてあったのだ。

さらに大胆な仮説を推し進めるなら、日本の主体は、様々に形を変えることができ、（耳だけにというわけではなく）耳にも頼ろうとしたのだ。日本の主体が舞台に求めたものは、「共鳴すること」であった。そこにおいて主体が、ある特定の主体という枠組みに囚われることなく、それどころか、数えきれないほどの音に触れ合い、それらの音の中に自らの身体を融合させ、様々なイメージの再構築を自在に行うことができるような「共鳴」の空間が求められたのだ。（当時の大衆は、落語家の口演にも殺到したが、それは落語家もまた、言葉の力だけで一つの世界をまざまざと見せてくれたからだ）。当時の人々にそういう意識があったかはともかく、全身が耳のような主体があるとして、そういう主体は、そもそも主体と言えないのかもしれない。だが、再びジャン=リュック・ナンシーの言葉を借りるなら、そのような主体は、「音が響き合う場所であり、張り詰め、跳ね返る音と音が無限に交錯する空間」〔『耳を傾けて』〕ではないか。（もっとも、こうした議論自体、あまり意味のないものかもしれない。西洋の主体も、日本の主体も、ランボーの言う「北極の花」（『イリュミナシオン』「野蛮人」）のようなもの、つまり、そもそも「存在しない」のだから）。

（クローデルの絵画論（一九四六年）の表題にあるように）「眼は聴く」ならば、耳には何が見えているのか。

遠近《おちこち》に滝の音聞く若葉かな　　与謝蕪村

竹本越孝や三寿々との絆はより強いものとなった。どちらも、次の公演の案内を私に送ってくれるようになったのだ（二人が別々に公演を行うこともあり、竹本越孝は、いろんなところで別の三味線や太夫と共演しているし、三寿々は、自ら作曲を手掛けて演奏会を行っている）。そうした演奏会の一つが終わった後のある夕べのこと、私たちは大勢で連れだって蕎麦屋で夕食を共にした。気取らぬ雰囲気の店で、蕎麦を味わい、酒をしたたか飲みながら、酒につられてつい饒舌になった私は、隣り合わせた人に向かって、かつてベルヴィルで、女友達にアコーディオンで伴奏をしてもらって歌ったことがあると話したらしい。じゃあ歌ってみてよと皆に促されて即興でフレエルの歌を口ずさむ羽目になった。

それで少し大胆になって私は竹本越孝に言ったのだ。私も義太夫を歌うことができたら、こんな嬉しいことはないのだがと。自分でははっきり言えなかった私の気持ちを汲んでくれたのか、竹本越孝は、では、私が知っていることをあなたに教えてあげましょうと言ってくれた。この申し出に私は驚いたが、驚きが少し収まってから私は、私と先生の周りで皆が嬉しそうに繰り返している「弟子」とか「師匠」という言葉を聞きながら、これらの言葉について思いをめぐらしていた。(たとえば、後白河天皇の時代の女芸者についてジャクリーヌ・ピジョーが書いた本のことを思い出したりした。浄瑠璃が生まれるはるか前のこと、男女の共同体が舞台の上で無理やり隔離されるようになる以前の話、後白河天皇自身、女性の歌い手乙前《おとまえ》を師匠としてもっぱら贔屓にしていたが、多くの宮廷人もまた天皇の手本に従い、女性から音楽や美しい演奏法の手ほどきを受けていたのだという)。蕎麦屋を出たところで皆でがやがやっている最中に、竹本越孝が重々しく「師匠」「弟子」という言葉を口にして私に挨拶をしてくれた。その様子には、あえて重々しい調子を出すことで楽しんでいるようなところもあって、その証拠に、竹本越孝は、フランス式の挨拶で私の腕の中に一瞬身を任せたものの、両頬は触れ合わないようちゃっかりガードしていた。そうして挨拶した後、最初の稽古の約束をした。その時の重々しい調子が私に物語っていたこと、それは「弟子」と「師匠」という二つの語が、何か特別な力で結び合わされ、その結び付きが保たれ続けているに違いないということであった。

ここ三年連続の試みで、そしてこの試みは今年で最後になってしまうのだが、大阪の文楽座の人形遣いが女浄瑠璃の演者と組んで合同公演を行っている。この感動的な再会をこれからもずっと続けていくためには、別の会場を見つけなければならない。ずっと会場を提供してくれていたところが、収益不足を理由に撤退を決めたためだ。

この公演には竹本越孝も参加した。公演後に語ってくれたのだが、竹本越孝が人形や人形遣いのいる舞台で語ったのは、これが初めての経験だったという。もちろん越孝は、すっかり自分の仕事に没頭していたに違いないが、人形の動きが視界に入ることに慣れてないということもあって、気も散っただろうし、不安にかられもしただろう。彼女は何度も舞台の上に視線を泳がせ、舞台上の動きとズレるのを恐れているように見えた。

舞台上の越孝を私はいつも若干下から見上げるかたちになるが、舞台から降りると越孝は、いつもの慎ましい姿に戻る。とりわけ声は、まるで別人だ。さっきまでは、嵐が吹き荒れるかのように声をとどろかせていたのに、今や、すっかり鳴りをひそめ、後ずさりし、少し身をかがめ、控え目な微笑みで仕切りを作り、その後ろに引っ込んでいる。最初の頃私は、越孝のこの変貌ぶりに呆然としたものだ。けれど、そんなことは驚くに値しないのかもしれない。舞台においてもサーカスにおいても、「見かけのみすぼらしさと至高の出現との間」を行き来する距離感を心得ていることこそ芸術家のあかしなのだ。越孝を見ていると、綱渡り芸を見るときにジャン・ジュネが期待したあの純粋な現象を思わずにはいられない。

文楽の舞台についてのささやかな年代記（続編）

一七三四年

人形遣い吉田文三郎《ぶんざぶろう》が、文楽特有の三人遣いの手法を確立した。一七三四年というこの年が公式にはすべての始まりとされているが、そこに絶対的な起源があるわけではない。出語り床同様、三人遣いもまた、様々な試行錯誤を経てきたのであり、その痕跡を伝える資料も、少なくとも一つは残っている。一六八五年、江戸孫四郎《まごしろう》座の公演で行われた人形（といっても、人形自体はそれほど大きなものではなかったが）の動きを司る役割分担は、大坂で行われているものとかなり近いものであった（古山師政《ふるやまもろまさ》作とされる『八重かきくものたへま』に収録の木版画を参照）。この上演のアイディアがどこかで生き続けていて、従来の差し込み式の人形の大ざっぱな動きに飽き足らない観客を引き付ける方策を見つけたいとなったときに、このアイディアが採択されたのではないか。それとも、人形遣いが頭巾をつけるのに伴って、このようなアイディアが生まれたのだろうか。このような連関は論理的であるように思える。事実、一七四〇―六〇年にかけて、それまで単独で顔を出して人形を操っていた人形遣いが姿を消すと同時に、これに取って代わるようにして、頭巾をつけた人形遣いが多く登場してきたのである。だが、正確な年代を定めることは不可能だ。人形遣いの頭巾がたちまち一斉に広まったとは考えにくいし、ここにもまた、長い模索期間があったと思われる。もしかしたら、首から吊り下げた箱の中で人形を遣う一六世紀のやり方をお手本にして、顔の下半分を隠すことで、自らの存在を忘れさせるというあのやり方を真似たのかもしれない。先に挙げた一七六五年の資料〔一五三頁参照〕は、このテーマについても稀少な資料の一つだが、これを見れば、人形遣いが頭巾をかぶるという習慣が定着したのは一八世紀も半ばを過ぎてのことだと分かる。だが、舞台上で人形遣いの存在感が消されていくのと時を同じくして（いつからとははっきり定められないものの）、主遣いだけは、特別に顔を見せることが許されるようになっていたこともまた分かる。これにはおそらく戦略的意図があったのだろう。つまり、歌舞伎役者のスターシステムを模倣するとまではいかないが、これに対抗しようとしたのではないか。見栄えがよく華々しく、劇的音楽的色彩に富む時代物のエピソードは特別な瞬間として構想され、その間だけ、芝居の空間は慎みを忘れ、舞台裏を見せ、その力のすべてを、ここかしこに解き放って、それまでお忍びの身分に甘んじていた新しいかしらを次々と飛び出させてお祭り騒ぎをしたということではないか。一方では隠し、他方では見せる、こうして絶妙な均衡を保つやり方は二〇世紀初頭まで続いたが、この手法は、たとえば同時代の浮世絵に見られる日本的美意識と同様の傾向を示すものなのか。たとえば喜多川歌麿〔一七五三―一八〇六年〕の春画を見ると、隠されているもの、着物を着ているもの、覆われているものに空間の大部分が当てられていて（『歌まくら』「茶屋の二階座敷の男女」〔一七八八年、大英博物館蔵〕では、おびただしい布と一つの扇子が画面を埋め尽くしている）、肌が露わになった部分は、それとなく描かれているのみで、解剖学的細部に狭められたほんの一部分に凝縮されている。

一九〇九年、松竹が文楽座を買い取る。

当時全盛を誇っていた松竹（ジャン＝ジャック・チュディンは、松竹がまさに「演劇界における覇権」を謳歌していたと言う）が文楽座を買い取ったことは、文楽の舞台にとって大きな転換点となった。広く認められている通り、これを境に、主遣いが頭巾をつけないことが多くなっていったのである。文楽座の新しい所有者が現行の規則をゆるめ、頭巾の着用にこだわらない姿勢を見せたのは、私が当初から仮説を立てたような理由（舞台の幻影効果をさらに侵食するため）ではなく、もっぱら商業的理由によるものであったと思われる。こうすることで白井松次郎は、文楽の慢性的人気下落に歯止めをかけようとしたのだ。一九二一年に撮影され長らくアルベール・カーン博物館に保存されていたドキュメンタリー『日本の人形劇』に、白井松次郎の姿を見ることができる（このドキュメンタリー冒頭で白井が見せるぎこちなさは、絵画の注文者が膝をついた姿で古の絵画の下方に描かれているのを思わせるが、白井の企図は、芝居興行における産業化の始まりと時を同じくしていた）。この映像を見るとはっきりするが、人形遣いは頭巾なしで、派手な着物を身に付けている。一九二六年に火災で文楽座が焼失したことで、こうした宣伝戦略が徹底されていった。文楽座再建を待つ間一座は東京で公演したが、東京での知名度の低さを補うために松竹は、頭巾を脱ぐようにと要求したのである。この命令に喜々として従った者もあれば、従うことを拒んだ者もあった。目新しさで世間をあっと驚かせることで観客を引き付け、芝居だけでなく演者ももう一度見たいと思わせる（現代のマネージメント用語なら「固定客になってもらう」というところか）のが狙いだった。もちろん松竹の思惑通りになった。人形遣いは頭巾を脱ぎ捨て、この習慣は、一九三〇年に彼らが本拠地の大阪に戻ってからも続いた。人形遣いが頭巾を脱ぐ傾向は戦後から今日まで強められていて、文楽座について二〇年の研究歴を有する桜井弘によれば、現在では多くの上演が（一〇に八の割合で）頭巾なしで行われているのだという（一九七〇年には、一〇に五の割合に過ぎなかった）。しかしながら、しばらく前から軽い揺り戻しが見られ、「これは大変結構なことです」と言う。結局のところ、揺り戻しの傾向に桜井弘は満足していると言い、続けて次のようなことを言ったので私は面食らってしまった。「文楽の本質は、何も見せないことにあります。人形遣いの姿を見せてしまったのでは、別の種類の論理に応えることになってしまいます、そう、市《いち》の見世物の論理です」。

人形遣いが頭巾を脱ぎ捨てたことについて、勇み足かもしれないが、浄瑠璃の美意識の要とさえ私は考えたのだが、どんなにひいき目に見ても付随的な問題にしか過ぎず、重要な問題とは考えられないというのだろうか。いや、私はそこに重大な問題があると考えたのだが……。

すべては松竹の商業的利潤追求の姿勢に求められるべきで、演者の顔を広告塔として利用するために、今、二一世紀初頭の形態に落ち着いたというのか（いずれにせよ、私がこの問いを投げかけた専門家は皆一様にそうだと答えた)。主遣いが頭巾をつけずに演じるようになったことは、文楽を売るための戦略に過ぎないというのか。演者の契約書に付け加えられた一条項に過ぎず、会計書類の補遺に過ぎないというのなら、頭巾を脱ぎ捨てるという行為の真の性質を黙殺してしまうことにならないか。人形遣いが頭巾をつけない頻度の多寡を問題にしているのではない。(ことは頻度の問題ではなく)何よりも、純然たる舞台美術に関わることなのだ。文楽座にとって(そして江戸の劇場にとっても既に)演者の顔を見せるということが、れっきとした「現金」として通用していたとしてもやはり、そして何よりもまず舞台において、人形遣いの顔を見せるということは奇異なことであるはずで、そこには、生身の肉体と仮面という解決不能の緊張関係が見えるのではないか。

こうして調査を進めてきても、辿りついた結果は漠然としたものだ。だがそもそも、出遣いについての考察によって文楽の真実を啓示する秘密が明かされると期待するとしたら期待が大き過ぎるというものだ。中川久定はタイトル自体が示唆的な論考「完全な裸体と隠された裸体」(フランス語で書かれた著作〔『日本文化入門』(二〇〇五年)所収〕)の中で歌麿の浮世絵について述べるなかで、フランス人読者に対して、意味との関係についてあなたたちがどのような根本的傾向を持っているかを想起してもらいたいと言い、次のように述べる。「真実は、何も身にまとわない。だからこそ、西洋において真実は裸体として描かれなければならないのだ」と。文楽の人形遣いが素顔を晒しているのは、これとはまったく無縁のものであるように見える。霧や闇を払い、未知なるものの正体をどうしても突き止めたいという抑えがたい執着とは無縁のものと見える。素顔を晒す人形遣いたちの顔が（高みからではなく）遠くから見つめているもの、それは、私たち西洋人が、様々な過程を再構成したいという情念なのであり、そこに連続体を見たいという情念、因果関係の鎖を確かめたいという情念ではないか。これらの操作はどれも、進化の論理を理解したいという本能的な欲求に応えるものである。ところが文楽においては、全体を把握しようとする欲求も、全景を見晴らそうとする欲求もほとんどない。たったこれだけの概観と光明を得るために、何と多くの労力を費やしたことか。結局のところ、日本の芸能について何でも知っている友人パトリック・ドゥヴォスの言うように、出遣いの慣習が今日しっかりと根を下ろしていることは確かだとしても、なぜ人形遣いが素顔を晒すのかというこの問題に一義的な答えを出すことはできない。もちろん権威のお墨付きをもらった説明というものはあるけれども、その襞においては、定義しがたい様々な基準が潜んでいるのだ。演じられる作品のジャンルは何か、主遣いの格の問題、上演の状況や性質の問題。作品を通し上演するのかどうか、その作品はよく上演されるものかなど、様々な要素を考慮する必要がある。今でもよく覚えているが、『テンペスト』（文楽用に脚色されたもの『天変斯止《てんぺすと》嵐后晴《あらしのちはれ》』）の公演を見たとき、人形遣いのうち誰一人として（彼らはとても有名なのに）素顔で登場しなかったことに（もっとも、空中の妖精エアリエルの役だけは人形で演じるしかないが）、私はびっくり仰天してしまった。シェイクスピアのこの作品が文楽に脚色されたのは最近（一九九二年）の話で、上演回数も多くない（一七年間の間に二度)。人形遣い全員に同じ格好をさせたのは、あまりなじみのない、と思われる芝居の筋書きやテクストから観客の注意をそらさないようにとの配慮からだというのだ。何とご親切なことか。日本の文楽でさえ、筋書きの尊重というこの規則から逃れられないのか。

「規則」という語を何の気なしに口にしたとき、内山美樹子教授がもらした憤慨の調子が、今も耳について離れない。「規則なんてありません」、そう言う内山教授の声は凛として、鋭く切り込んできて、私は、古典劇的三単一(筋書き、時間、場所の単一)の時代から一気に解放された。

私はこの年代記を若干の自由度を持って進めてきた。先に進むにつれて、私には分かってきたのだ。しっかりと確立された年代記を書くことは不可能だし、対象を完璧に捉えようと急いでも、西洋の多くの書物に見られるような完璧なものを作るのは無理だと分かってきたのだ。年代記が間違った指標を提供するというわけではない。ただ、年代記は見方をゆがめるものとなり、というよりもっと正確には、事実を無理やりねじ曲げて、本来の姿とは違うかもしれない見方の辻褄が合うようにしてしまうのだ。ある一つのイメージ、芝居を見た日々から飛び散った一しずくの泡ゆえに、私は西洋的時の流れの論理をあまり信頼し過ぎないようにと、自分にブレーキをかけたのだろうか。『妹背山婦女庭訓《いもせやまおんなていきん》』で吉野川を流れていく桜の小枝が二つ。そこでは時は流れを止め、上流も下流もない。ここに流れる時間のイメージは、『妹背山婦女庭訓』が初演された一

○年後に〔『純粋理性批判』（一七八一年）で〕カントが書くことになる時間のイメージとは遠く隔たっている。カントはこの作品の存在さえも知らなかったわけだが、川を下る船を見つめ「時の秩序」や「因果関係」という根本的な繋がりから演繹的に時のイメージを定めるだろう。日本文明の基礎を成すテクストは、決定的な要因を持たずしてこの世界が生まれた（「意志決定」なき創造）という世界観を尊重するが、そのような文明の最中にあっては、西洋的範疇をいかに忘れ去るかということが大切になる。加藤周一は『古事記』について、「「神代記」の冒頭を天地創造の神話とみなすことはできず、そこに時間の出発点を見出すこともできないだろう」と述べる（『日本文化における時間と空間』二九頁）。日本の多くの歴史家や哲学者が、そのような起源こそが、歴史意識のうちに消し去りがたい痕跡を残していると考えている。中川久定は、こうした化石の波及効果、「執拗低音」と自身名付けるものについて、その影響は現代にまで及んでいるとする。彼の言葉を借りるならば、今日なお、「日本の歴史的事実のどれ一つとして、個人の意志によって生み出されたと言えるものはない」。

　年代順の語りは、直線的な時の流れを追い、ある一方向へと向かうものであり、そこにはある一つの秩序が生まれる。そればかりではない。年代順に語るということは、矢に刻み目をつけて、これこそが分岐点の起源であるとすることだ。これら分岐点を境にして、それ以前、それ以後という区別が生まれ、進歩の度合いに応じて、様々な段階が生じてくる。ところで、進歩は偶発的かつ断続的である。「進歩は、飛躍、跳躍という形をとる。生物学者ならば、突然変異という言葉を用いるかもしれない。こうした飛躍や跳躍は、常に同一の方向に向かってより遠くに進むという性質のものではなく、方向転換を伴う。チェスのナイトに少し似たところがあり、様々な進行の可能性を持ちつつ、決して同一の方角に進むことはない」（クロード・レヴィ＝ストロース『人種と歴史』一九五二年）。したがって、文明の過程についてこのような考察を行うレヴィ＝ストロースに倣って、人間のなすことは、「時間軸の中に」間隔を置いて縦に並べられているものとして捉えるという、西洋的精神活動における習慣に漫然と従うべきではなく、「空間の中に」横に広がっているものとして捉えるべきなのである。

一七〇五年に突如として、人形遣いたちが自らの姿を観客に見せるという決断をしたわけではなかろう。一七二八年に、太夫や三味線の演じる場としての出語り床が突然出現したわけでもなかろう。吉田文三郎が三人遣いの確立に貢献したことは確かだとしても、ゼロからすべてを作りあげたわけではないだろう。人形遣いの頭巾にしてもすぐにその形が定まったわけでもなかろう。その度その度に、時代の好みに合わせ、別のところで行われていた考えを、様々な状況、「特殊な」状況、それぞれの地方特有の状況に移し替える試みがなされたということではないか。

そして今や舞台に戻るべき時ではないか。

『艶容《はですがた》女舞衣《おんなまいぎぬ》』については「酒屋の段」のみが単独で上演されることが多い（これはよくある

ことで、今の日本では通し狂言がもうなじまないらしく、とりわけ人気のある段のみを切り取り、取り合わせてプログラムを作るため、一つの公演が名場面のアンソロジーのようになる場合が多い)。この段で観客は、半七《はんしち》に捨てられた妻お園《その》を見に来ている、というよりむしろ、お園の有名なクドキを聞きに来ている。半七の両親の家に戻ったお園の、あの悲痛な嘆きを聞くために来ているのだ。ヨーロッパの劇場では、社交界の名士や審美家はクライマックスにならないと席につかないけれど、それと同じように、この日私の左隣に座っていた男もまた、「酒屋の段」前半ではずっと、舞台の上で起こっていることにまるで無関心に見えた。少なくとも表面上はそう見えた。うつらうつらしているかと思うと、紙包みの大きな音を立ててお菓子を取り出してかじったりして。ところが、他の登場人物が皆引っ込んで、舞台上にお園だけが取り残されてゆっくりと内面の吐露を始めると、急にしゃんとして、耳をそばだて始めたのだ(そして、半七を赦すダンスのようなリズムを刻むこのお園のクドキが終わる頃には、私の隣のこの男は、メガネを外して、目をぬぐっているのだった)。

(紋切り型のイメージではあるが)日本では、劇場ばかりか他の公共の場所でも、そこで眠りこけている人の姿が多く見られる。(涙についても既に見られたことだが)眠りという点についても、舞台と客席は互いのイメージをどこまでも反映し合っている。人形のなかにも、きわめてほっそりとした切れ長の目をした女のかしらがある。木に入った二本の亀裂のような目に、ちゃんと瞼もついている。「ネムリ目」を持つかしらである。

そして、もう一つのことが私の注意を引く。最初の方で、頭巾をつけた若い母親（半七の愛人）が子供を捨ててからというもの、私はいたいけなその子はどうなってしまうのだろうと考えずにはいられない。子供を捨てたと言ったけれども、正確には、赤ん坊は（夫としても息子としても裏切りを働いた）半七の父親の家に託されたのである。というのも、半七と愛人は心中を決意したためである。お園のクドキが終わると、衝撃的な展開が待っている。お園は、舞台に登場する子供を見て、これが半七とその愛人三勝《さんかつ》の子お通《つう》だと気付くのである。

このような筋書き、あまりにも見え透いたこの筋書きを縫い止めている白糸はほころびを見せずにおかず、しかも上演されるうち、内側からほつれていく。それにはほんの小さなきっかけがあれば充分だ。けれど、その小さなきっかけで演技が乱されていく。子の役は、近松の時代に使われたような、一人の人形遣いしか要しない人形として登場するはずである。ところが私の好奇心をそそるのは、お通が初めて登場するとき、この子が、人形遣いによって操られるのではなく、母親三勝の腕に抱かれていることだ。次の場面ではお通は、この子を母親から受け取った丁稚長太《ちょうた》の背中から、祖母の膝へと移される。祖母は〔その子が孫とも知らず〕可哀そうなその子にほだされている。人形遣いの仕事を人形にやらせるとは、それほどまでに人形遣いの数が不足しているとでもいうのか。それればかりではない。まさに驚きの連続なのだが、お園のクドキが終わると、お通は人形遣いの手によって再び舞台に登場する。人形遣いはその場にいる人形の一つにこの子を託して退く。人形遣いはしばらくしてからまた飛び出してきて、別の人形にこの子を取り次ぐ。そしてまた引っ込み、また現れては消える。人形遣いのこの動きは、お通の家族が見せる愛情の発露に同調している。お通の父親の妻お園、お通の父親の両親が、お通というあどけない鎹《かすがい》の恩恵によって、再び結び付きを強めるのだ。この素晴らしい転喩的バレエの中には、まさに天才的なひらめきがある。そのことに気付かないことのほうが難しい。そこに登場する人物は皆、お通という人物との関わりにおいてそれぞれ役割を担うのであり、お通なしでは何者でもなくなってしまうのだから。それに、これは一石二鳥でもある。というのも一つには、こうして芝居の幻影が徹底して破壊されることで浮かびあがるのは、初期の文楽の有様であり、それまで自分たちを保護してくれていた囲いから人形遣いが最初の一歩を踏み出した瞬間が今再び演じられているようにも見えるからだ。そしてもう一つには、私生児こそが、これまでとはまったく違う新しい演劇装置の中心に置かれるということがある。ディドロもまた私生児に、舞台の写実的な革新の希望をすべて託したことが思い起こされる。(〔ディドロ『私生児』(一七五七年)の解説で〕ジャン・ゴルドザンクは、〔フランス語で「私生児」を意味する〕「自然の子」とは、私生児であると同時に、ディドロが実現を目指した市民劇でもあると述べている)。

『私生児』は、ディドロの最初の演劇論であり、美意識の宣言であるが、この演劇論は『私生児に関する対話』と組み合わされている。『私生児』は様々な形態の複合体であり、語り、ドラマ、対話と、その様相を次々に変えていく。ドルヴァルは純然たる虚構として、まずは「私」（『百科全書』の第六巻を刊行したばかりの「私」）の対話者として登場する。続いてドルヴァルはある戯曲の登場人物となるが、この戯曲はじつは、ドルヴァル自身の人生において最近生じた決定的なエピソードをそっくりそのまま克明に再現したものであることが間もなく判明する。この体験に激しく興味をかきたてられた語り手は、ドルヴァルに勧められてこの生きたドラマを記念する上演を見た後、新しいジャンルの演劇を生み出したこの劇作家ドルヴァルとテクストについて議論をする。一つ、また一つと論点を追いながら。ここにもまた転喩が機能しているのは確かだが、その機能の仕方は『艶《はで》容《すがた》女《おんな》舞衣《まいぎぬ》』とはずいぶん違う。（ジェラール・ジュネットなら、『私生児』における転喩は、「枠組みとなる敷居」を告発するという違反を行う、とでも言うだろう）。『私生児』における転喩はまず、厳密な意味での「作家の転喩」として現れる。つまり、（ドルヴァルと役者たちによって演じられる）虚構を現実の中に引き寄せ、落とし込もうとする作家の戦略が顔を見せるのだ。続いて転喩は、語りのレベルでのみ機能する文彩として現れる。ただし、上演空間に影響が出るわけではない。「ディドロ」が事後的に（後書きの形で）行う告白を鵜呑みにしてはいけない。もう少しで演技に介入して物語の成り行きを変えようとするところだったと「ディドロ」は告白するが、芝居のテクストは、芝居とは異質のどんな要素の闖入も許さない。それにドルヴァルは、この戯曲の自給自足的側面を偏執狂的とも思えるほどに擁護している。そう、この戯曲全体が自己正当化のプロセスによって動機づけられており、世の中のどんな存在とも無関係に存在するのだ。だがじっくり検証すると、外部から完全に遮断された世界を構築するこのやり方は、まったく新しく、これまで見たこともない、物語の扱い方ではなかろうか。そして、転喩に代わって別の現象が現れてくる。ディドロはシェイクスピア以上のことをやったのかもしれない。『ハムレット』においてエルシノア城を舞台装置とし、その中に旅役者たちを放り込んで〔ハムレットの父の殺害〕場面を再現して見せて、裏切り者を困惑させ、やり込めようとしたシェイクスピアの上をいったのかもしれない。戯曲の上演中のみならず、これについての対話が交わされる間ずっと、ドルヴァルを純然たる言葉という存在にすることによって、戯曲を対話で包み込むことで、ディドロは、「劇中劇」(つまりメタシアター)をこの上ない高みに押しあげたと言えるのではないか。つまり、それ自体として閉じられた世界、外の世界から隔離された透明な世界を構築したのである。そこでこそ、劇の筋書きも登場人物もやっと輝き始めるのであり、自分自身透明な存在となって、現実とミメーシスが完全な一致を見せて、どんな欠陥もざらつきも見られない。『私生児』はこのような理想的結婚の成果でもある。ところが、この作品は「立派で真面目な」ジャンルを顕揚するものであったがゆえに、せっかく転義法を持ちあげておきながら、その根本的な力を削ぐことになってしまった。つまり、転喩特有の遊びや幻想が咎められて出口も割れ目も念入りに塗り込められたばかりか、一つの宇宙から別の宇宙への相互作用の一切が締め付けられ、流れは縛り付けられ、想像力は枯渇させられてしまったのである。

文楽の舞台は、あちこちに開口部を持つ。演技空間が二つの領域にまたがって広がり、人形の所作と太夫の声が分かれ、人形遣いが常にそこにいることで、文楽の舞台は、どこででも、いついかなる時も、ズレを、隙間を、物語からの逸脱を自在に生み出せる。いくつもの踊り場、通路、作りものの壁、細長い通路、落とし穴が作り出す文楽の舞台は、見る者を即座に歓迎する空間であると同時に、予期せぬ魔法がよぎる空間でもある。文楽の舞台は、啓蒙の世紀に練りあげられた「鏡の劇作術」（つまり、完璧な幻想を作り出すことで、その演劇性を可能な限り隠そうと努めた劇作術）とはかけ離れている。演劇史家のロベール・アビラシェドは、こうした市民劇の慣行が、アリストテレス的モデルからどういう点でかけ離れているかを示し、ミメーシス的機能を損ないさえしたことを見事に示してくれた。そもそも、ミメーシス的機能は、事実とその上演との間に距離を置くべきことを説くものであった。もちろん一七、一八世紀の日本の演劇にそのような考え方があったはずもなく、反体制的ではありながらも、破壊的とまではいかない文楽の舞台は、社会の下層に位置する虐げられた商人たちのために作られたものであり、外からの影響が一切排除されたところで、ゼロからすべて作りあげられたのだ。文楽においては「世話物」が生まれた（ルネ・シフェールは、「世話物」を「悲劇的市民劇」と訳しているが、おそらくは、ディドロの言う「中庸ジャンル」としての「市民劇」と区別するためにこの訳語を選んだのだろう）。能の慣習や聖なる空間から遠く離れたところで、文楽というもう一つのこの私生児（人間や人間の所業、そして地上における運命の身の丈に合うように作られたこの私生児）は急速な成長を遂げた。（これはとても重要なことだが、この私生児は、理性が備わる年齢にはまだ達しておらず、言葉を持たぬ子供である。このような存在は、西洋古典劇には例がない）。文楽というこの早熟な放蕩息子の内に一つの共同体全体が構成され、この共同体の行方もまた託される。これらはすべて、ミメーシスの主要な原則、つまり、人が人を演じるという原則とは相容れないものであった。人形が、古代の奥底から、文楽に対して別の規則を命じたのだ。『艶容《はですがた》女舞衣《おんなまいぎぬ》』においても、目の前にいるのが半七の子であることが〔お園から半七の両親に〕明かされるあの場面、親子の絆が明かされるあの陳腐極まりないお決まりの場面において、人形が（木の切れ端が、こんなささやかなものが）、石像のような穏やかな皮肉をたたえて自ら要求するのだ、その場にいる人たち皆の幸福を生み出すものとなることを。そして、この人形は、手から手へと渡されていき、人間とその見せかけを持つものとのデュエットを、幻影と浮世とのデュエットを踊り、私たちを仰天させるのである。

『夏祭《なつまつり》浪花鑑《なにわかがみ》』〔五段目〕において、安居《やすい》の森で磯之丞《いそのじょう》とお中《なか》が心中をしようとしている。なぜ彼らがそのような切羽詰まった状況に追い込まれたのかは、詳しく説明しない。三婦《さぶ》は二人を止めようとするが、耳を貸す二人ではない。二人の決心は固い。どうしよう。二人は森の中で途方に暮れる。自分たちがやろうとしている大それた行いに心細くなり、具体的にどうしたらいいかも分からず困っている。そこへ伝八《でんぱち》がやって来る。伝八はお中に横恋慕しているが移り気である。二人が心中してくれれば金がころがり込むと思うと、伝八はお中への恋心など忘れ、間違いなく確実に死ぬ方法として、首を吊るのが一番だと言う。伝八はそわそわと落ち着かなくなり、にわかに熱に浮かされたように饒舌になる。お中に手拭を出させて、これを紐代わりにして、しっかりした枝にくくりつけてそこに首を吊るのだよ、と指南する。金づるを簡単に説得できて有頂天になった伝八は、自ら手本を見せてやろうとする。切り株に上がり、輪に首を通してなおも喋り続けている。そこを忠義な三婦が、伝八の悪だくみを見抜いて、後ろから伝八の両足を踏み落とす。すると奇蹟が起きる。

〔文楽の人形のことではないにせよ、クライストの次の一節が思い起こされる。〕「人形には、重力に逆らっているという長所がある。人形は、（これほどダンスに不向きなものはない）物質特有の不動の性質を少しも持っていない。人形を空中に持ちあげる力は、彼らを地面にとどめておく力よりも強いのだ」。〔ハインリヒ・フォン・クライスト（ドイツの作家、一七七七―一八一一年）『マリオネット芝居について』一八一〇年〕

それまで伝八の人形を操っていた三人の人形遣いは姿を消す。

動きを止めた人形から、まずは主遣いがゆっくりと手を外し、消える。残り二人の人形遣いも、それぞれ左手と両足を見捨てて去っていく。ついさっきまで紐の先で動かされていた手足は、踊りを止めてしまう。

人形遣いたちは後ずさりして舞台から消えたのだったか。ちょうどエジプトの司祭たちが寺院の地面についた足跡を後ずさりしながら消していくように。それとも、そんな厳かな消え方ではなく、今日の仕事は終わり、一日が終わったなという消え方だったろうか。もう思い出せないが、ただあの時心が騒いだことだけはよく覚えている。あの時私の目の前には「抜け殻」と呼ぶのがぴったりのものが横たわっていた。ただ一人そこに残された人形。あるがままの姿で、まるで舞台の袖で役割から解放されてそこに横たわっているかのように、演技空間のただなかでその本質的な不動の姿に戻されて、重力とは無縁の原初の状態に置かれている人形の姿を前にしたあの時の心のざわめきだけは今も忘れない。

逸話などもうどうでもいい。文楽に対する私の好奇心が向かうのはただ、こうしたきわめて短い、けれど計り知れない価値を持つ瞬間なのだ。私の好奇心を誘うのは、あの裂け目、むき出しの芝居のほんの一部分、演劇が演劇自身の上に開かれて、骨を見せてくれるその瞬間なのだ。

もう夜の九時近い、国立劇場最寄りの地下鉄の駅、永田町駅の通路には、密集した、でも流れるように歩いていく人たちの声や音が反響している。劇場からこの駅へと流れて来た人たちの群れもじきに散っていき、帰途につくサラリーマンの最後の波に飲み込まれ、地下にもぐって、互いに遠く隔たった無数の家へと四方八方に散っていく。東京の夜には、このような集中－分散の場が満ちていて、それが東京の心臓の特別なリズムを刻んでいて、そのリズムはすぐにそれと分かる。私の前を行く着物姿の二人の女性の後を歩きながら、二人を追い越そうとはせず、私は、二人の歩く速さに歩調を合わせる。それも束の間のことで、二人は笑い声を立てながら、丸の内線のほうへと折れていく。そして私は半蔵門線の電車に乗るべく地下にもぐっていく。

面白い偶然があるもので、私が乗った車両に乗ってきた男性は、ついさっき「酒屋の段」で居眠りしたりすすり泣いたりを繰り返していたあの男性だった。その男性が私の正面に座ったのだ。その男性は私に気付く様子もなく、すぐに居眠りを始めた。何という偶然だろう。この車両に乗り合わせている乗客の大半は酔っぱらったりうとうとしたりしているけれども、そこに何か奇妙な雰囲気が漂っているのが楽しい。さっきの男性はぐっすり眠り込んでいる。彼の寝顔を観察しながら私は思う。さっきのお園のクドキが夢の中もうるおして、地下を流れていっているのだろうか。地表からも地表を模したさっきの舞台からも遠く離れたこの地下にもまた流れているのだろうか。いつの間にか私の瞼も重くなった。私はただ電車の揺れに身体を任せ、私の意識は他の人たちの意識と混じり合い、今度は間もなく私が知らないうちに、誰かまだ眠っていない人の視線がじっと見つめ続ける対象となるのだろう。クリス・マルケル〔フランスの作家、映画監督、一九二一―二〇一二年〕のエッセイに描かれた地下鉄での漂流にも似て。

「そうして眠る者たちの狩りが始まる。眠る者たちは君を夢中にさせる。君は電車に乗り、眠る者たちを眺める。君は人と会う約束も忘れ、乗り換えも気にせず、数分間の延長をして、目の前の絶対的な短編映画を見つめている。眠る男、または眠る女のクローズアップ画面、理想的だ。彼らの眠りは、起きている時には社会的服装とか見かけを気にして抑制されている様々な表情を解き放つ。眠りこけた顔という顔に、彼らの物語すべてを読み取り、微笑みやひきつりを見て、頭を揺らしたり、恍惚の表情を浮かべていたりするのを君は見る。こうやって君は、いったいいくつのシナリオを考え付いたのか……。」〔クリス・マルケル『異国』一九八二年〕

どこからともなく聞こえてくる声で降りる駅に着いたと気付いたときには、目の前の席は空になっていた。眠る男は既に遠ざかっていた。

介在するものたち

「学ぶにあたってはほどほどに。

何も知らない君がただ受け身のままで、無邪気に、それがどんな結果をもたらすか考えもせず、頭の中に入ってくるに任せたものを取り除くには、一生かかっても足りないのだから。」

アンリ・ミショーのこの言葉を黒板に書き、それ以上何も付け加えずに私は、物思いにふけり、学生たちの反応を待つ。


鶴澤三寿々と（それ以降「越孝先生」と呼ぶことになる）竹本越孝に初めての稽古をつけてもらったのは、東京下町にある（二階建て、二部屋の）小さな家でのことだった。それは女たちの稽古場だった。一階は、手書きの古い床本に完全に埋め尽くされていて、二階に上がるには、これらの本の合間を縫って、船室を思わせるほど狭く、とても急な階段を伝っていく必要があった。二階には家具がほとんどなく、低く細長いテーブル、座布団数枚、背もたれのない小さな椅子が一つ置いてあるきりだ。壁にはカレンダー。掛け時計が一つ。
この最初の稽古のことは何も覚えていない。

ある日（仮にある日としておこう、同じことが行われた複数の日を一日に凝縮して書くのだ）、私は越孝先生に尋ねた。危い音を連続して出すコツを教えて下さい、と。その一節を既に繰り返していたにもかかわらず、越孝先生は一瞬もためらわず、すぐに三寿々と調子を合わせて、繰り返しの個所を、全く同じところを繰り返した。これが三度目だった。そして私を見つめ、待っている。

「師匠は手本を示し、弟子は師匠を真似る。伝承は、目と耳で行われる」。何年間も能楽師に親しく交わった体験を持つアルメン・ゴデールが〔『能楽師』（一九八九年）の中で〕述べているこの言葉を読んだとき、私は自分自身のイメージを思い浮かべた。私は越孝先生の前に座り、突如鯉と化し、身体の両脇の二つの耳の穴を通じて、越孝先生の芸の一部なりとも捉え、自分のものにしようと絶望的な努力をしている。越孝先生の前に正座して稽古をつけてもらっていると、いつもそんな気分になって、窒息しそうになってもがいている。ここでは、学ぶということは、新しい環境に自分を適応させることに他ならず、弟子は自分で法則を見出さなければならない。自分の身体の内面から湧きあがってくるものを待つ。そのためにかかる時間の長短には個人差がある。

ゴデールは続ける。「師匠のやり方を観察し、これを真似て再現するのだ。弟子の中に自分自身のやり方が花開き、これを自由に操れるようになるまで」。

トルコで過ごした十年間、私は憐みの混じった好奇心を抱いて見つめていたものだ、少々芝居がかった調子で「ベルベル」と現地で呼ばれている理髪師の見習いをする少年たちの姿を。客の髪がとかされ、整髪料をふりかけられるとすぐタイル貼りの床の掃除に取り掛かる他は、見習いの少年たちはいつも主人の陰に隠れていた。主人が忙しそうにハサミと櫛を動かしている間、見習いの少年たちは一言もしゃべらず、ふさぎ込んでいると言ってもいい様子で、次の客のうなじをぼんやり眺めているのだった。彼らはいつまでそうやっていなければならないのだろうか。いつまでそうやって、髪の中で足踏みしていれば、初めて頭を任せてもらえるようになるのだろう。私がその答えを知ることはなかった。アンカラの見習い、そしてアナトリアの最も辺鄙な村の見習いたちは、一五世紀初めに能を創始した世阿弥以来の日本の能楽師たちと似たような試練を、それと知らずに耐え忍んでいたのだ。笈田ヨシは次のように述べている。「俳優修業は、師匠の外面的表現の厳密な模倣に基づいており、こうした外見を動機づけている原則については決して明らかにされることはない」。

『源氏物語』の時代、「まねぶ」という動詞があったが、これは「学ぶ」と「模倣する」の両方を意味した。「まねぶ」という動詞自体は消えたが、この動詞が持っていた二つの意味を盛り込んだ一種の格言に、その痕跡を再び見出すことができる。「学ぶことはまねぶこと」。

アリアーヌ・ムヌーシュキンの提唱する「慎ましい模倣という教育学」を私も信じようとしているのだろうか。模倣することは、海賊版に陥るものではなく、価値の劣化、模造品に堕することではないというのなら、模倣とは何なのか。

この日もまた他の多くの日と同じく、越孝先生は私を見つめ、待っている。

年老いた男が部屋に案内された。何もない部屋はきわめて明るい。開け放たれた窓からは通りの喧騒が入り込む。その老人は何度も頭を下げる。その老人の前で待ち構えているのは別の老人で（八八歳で、一二年前に舞台から退いたという話だ）、その老人の前に置かれた机はまるで小学生の机のように小さい。「稽古」が始まる。座布団に正座して弟子が語っている間、すこし離れたところで正面から向き合っている師匠（もっと正確には、兄弟子の一人）は、床本をめくっている、うなずきながら、唇をわずかに動かしながら。一節が語り終えられると、師匠は弟子の語りにコメントを加える。弟子は、自分の語りの効果やニュアンスに自信が持てず、大阪から京都まで助言を求めてやって来たのだ。扇子をコツコツ打ちならしながら（浄瑠璃の最初期の観客は、この短くて残響を伴わない扇子の音を耳にして鮮烈な印象を受けた。当時は、琵琶のメロディーに合わせて、語り手が扇子でリズムを刻んでいたのだ)、〔四代目〕竹本越路大夫《こしじだゆう》〔一九一三―二〇〇二年〕は、出だしをもっと切れ味鋭いものとするようにと言い、あるフレーズのリズムを引き締め、驚きの表現をさらに強調するようにと助言した。「人間国宝」竹本住大夫は黙って耳を傾けている。そして二人とも、床本を閉じ、お辞儀する。過度な敬意、漠然とした信仰心のようなものがここにあると〔アンドレ・ジッドの〕『地の糧』〔一八九七年〕の次の一節に親しんだ者なら思うのではないか。「ナタナエル、今や私の本を捨てなさい。そこから自由になりなさい。私の元を去りなさい」。けれどそのような態度は、床本への忠実さこそが口承による伝承体制のまさに根幹であるという事実をあまりに軽視するものではなかろうか。ここでは本は、教育の仲介物となるのではなく、きわめて物質的な操作対象となり、一つの耳が別の耳へとそっくり移し替えられるのである。ある一人の人間の知識をそっくり受け取るには、一つの人生ではとても足りない。

　アリアーヌ・ムヌーシュキンはこうも言う。「他者のやったことを真似るのではなく、他者のあり方を真似るのだ」と。

　最初の稽古からほぼ四年の歳月が過ぎ、私は越孝先生と四つめの作品に取り掛かる。『菅原伝《すがわらでん》授《じゅ》手《て》習鑑《ならいかがみ》』四段目「寺入りの段」である。涙と祈りに満ちた〔『一谷嫩軍記《いちのたにふたばぐんき》』二段目の〕「組討」

の場面に取り組んだ長い期間を経て、今日の稽古は、より穏やかな場面、けれど、ドラマに富んだ場面である。というのも、寺子屋に新しく入った子供、命を奪われ犠牲にされるのは、松王丸の実の息子であり、他ならぬ父親の手によって送り込まれたのだから。「組討」の場面は、二人の男性を対峙させ、その聞きどころは、声の交代にあった。一方は、熟年の武士の声であり、これまでの戦闘によってその声はごつごつしたものになっている。もう一つは若武者の声で、か細く、滑らかで柔らかく澄んだ声である。「寺入りの段」においては、四人の登場人物（二人の女性と二人の子供）の声を演じ分けなければならない。（私は越孝先生に、女性の声を演じてみせてくれるようお願いした）。

〔イギリスの〕俳優ギャリック〔一七一七—七九年〕がわずか五秒のうちに「狂喜」から「絶望」へと表情を変えるのを前にしてディドロがうっとりと見とれた「力業」、（あらゆる心理を演じるという）俳優にとっては当たり前の技量以上のことが、この作品を語る私には求められていた。つまり私には、遍在自在であることが求められたのだ。獣のごとく、ある人物から別の人物へと文字通り飛びかかることが必要なのだ。一人の女性の命、あるいは一人の子供の命（自分がもうすぐ死ななければならないことをこの子供はもう知っているのだろうか）は、ごろつきに出会ったその瞬間に全身を奮い立たせることができるかどうかにかかっているのだ。私が訪れる者全員から言葉を吐き出させなければならないという気分になる。ある獲物を放してやるとしても、それは、暗闇の中でうごめく別の獲物を即座により巧みに捕えるためなのだ。眠って夢を見ている者たちに語らせるほどの力を私は持たねばならない。

私は越孝先生に質問した。男の役をやっているときはどんな気分ですか、と。この質問を先生は面白がってくれた。あるいは、先生はこの質問に驚いたのかもしれないが、本当のところは分からない。先生の答えを聞いて、私は自分の考えが少々馬鹿げていたことに思い至った。女太夫として男の役を語ることと、歌舞伎役者が女性を演じるのとは同じではないし、両者の芸は交わるわけではない。義太夫では、装いを変えるのは声だけなのだから。身体のそれ以外の場所は、性の変化とは無縁である。(むしろこう言うべきか。太夫の身体のすべて、とりわけ、演技の世界から太夫を切り離す強固な出語り床ゆえに、太夫の身体が喚起するものは実体化を阻まれるのだと)。もう一つ重要な役割を果たすのが、腹からの呼吸のうちに越孝先生が位置づけているものである。つまり、まるで鍛冶の親方を思わせる太夫の側面であり、そこには荒々しさと器用さが求められる。(光学器械において、反射鏡や焦点距離の調整次第ですべてが変わるのと同様)息を吹き込む位置によって、色彩や声色の配置が変わってくるのだ。

「寺入りの段」の最初の稽古を終えて私は疲労困憊、まるで、演説家たちの集会にこの身を貸し与えたかのような心地だった。身体全体が液体と化してしまったかのようで、汗は流れる、鼻水はたれる、唾は出る。これが太夫というものか。(魚売りの女とか過激な革命運動に身を投じた女性のように）声でつかみあいをさんざん演じるくせに、最初と最後では丁重なお辞儀を決して欠かさない。

あらゆる瞬間に気を張り詰めている必要がある。ほんの少しでも気をゆるめると、これまでの習慣が、（一時的に制御できていたのに）すぐにまた頭をもたげ、条件反射が舞い戻って来る。抵抗が弱まると、追放したはずのバリトンが意気揚々と戻って来て、私の声を包み込み、たっぷりとしてまろやかなビブラートを復元し、音と音を滑らかに繫ぎ、節につや出しをする。越孝先生は、束の間のこの反乱を面白がりつつも、注意を促さずにはいない。私の語りが終わる度に、先生は、私が制御しきれなかった個所を少し大げさに真似してみせる。

横浜港開港一五〇周年を記念する展覧会が行われている横浜美術館を訪れた時のこと。ちょうど浮世絵のように、少し上から見下ろされた構図で描かれたこの絵には、一二人ほどのアメリカ使節が緋毛氈をしいた長椅子に横一直線に並んで腰をかけている。女義太夫の公演に今日なお用いられている緋毛氈にも似ている。この絵に描かれたアメリカ使節の一人一人が、まちまちな表情を見せ、まちまちの仕草をしていて（まるで肖像画を見ているようだ）、いかにも楽しそうに声をかけ合っているように見える者たちもいる。彼らの正面にはもてなす側の日本人がいて、やはり緋毛氈の上に腰かけている。日本人はこちらに背を向け、一糸乱れず一直線になって、ぴくりとも動かないので、どんな表情をしているのかは想像をたくましくするしかない。つまりこの絵には二本の線が描かれているのだが、その二つはくっきりと分かれ（見る者と見られる者に分かたれて）、その間には、ほとんど空白の一本の道がある。説明文によれば、こちらに背を向け、斜め横を向いている男、二列に分かれた会食者たちの間に身をかがめているこの男は、少し下の方から、アメリカ使節たちを観察しているが、この男がこの絵の作者である。こうした視線のユーモアが私には好ましく思われる。三つの視点を繊細に交差させ、そこから捉えられた西洋が、自らの視線の優位を確信しているまさにその瞬間が捉えられているのだ。

吉増剛造が自らの詩を朗読するのを聞いてからのことだろうか、私は義太夫において、私が持っている一切の抒情的傾向に抗い、レガートへの志向を断ち切るべきだと理解するようになった。吉増は日本語の音節構造を前にして過激な選択をする。すべての要素が鍛えられ、剪定され、伸びていくどの枝もごつごつとした質感を残して刈り込まれる。こうして現れてくるのは、執拗なまでのリズムである。トーテムは足を踏みならし、シンタックスに真っ向から対決して、統語的流れに逆らい、意味の繋がりに反抗する。もちろん意味に打ち勝つことができるものなど何もない。だが、高らかに響き渡るこの声は、言葉が伝えるメッセージにとんでもない圧力をかけるのだ。吉増による詩の朗読と同じような断片化が義太夫にかくも特徴的なスタッカートにも見られるのだろうか。顎を大きく開いてテクストを細切れにしていく竹本千歳大夫の語りを聞いていると、そうに違いないと思えてくる。また、竹本駒之助による語りでは、こちらを圧倒するほどに顔をゆがめて、一つ一つの音が解体されて、高さを自在に変えていく。太夫たちは、聴衆に理解してもらえるように語る必要を意識していて、時系列における物語の一貫性を損なわないようにしている。だが私にはより痛切に感じられるようになってきたのだが、一つ一つの音を咀嚼するようにするやり方は、空間の次元においても捉えることができるのではないか。そう、発される言葉の一つ一つが、固有のふくらみを持ち、低い丸天井、あるいはでこぼこの丸天井を持ち、急ごしらえの外陣を備えた洞窟の広がりのようなものになって、すぐさま轍や突起物を詰め込まれ、すぐに満杯になる。たとえばガルニエ宮〔のパリ・オペラ座〕に出現する異郷のように、そこでは、音は物質としての生命を十全に生きることができるのだ。

洞穴探索に出かけることは、私にとって喜びだ。次の稽古のときまで自習できるようにと越孝先生が録音してくれた場面を再現するには、私はどれほど遠くまで掘り下げていけばいいのか。とりわけ最初の〔『一谷嫩軍記』〕「組討」の場面を極めるには長い時間が必要だった。そこでは様々な様式の変化が求められ（きわめてゆっくりとした出だしは、まるでアカペラのようで、能の語りを思わせる）、様々な音の空間が開かれていく。なかでも、低い声、しゃがれ声とすれすれのところにある声、ものすごく巨大なグリッサンドが喜びを引き出す。この巨大なグリッサンドはシェーンベルク〔オーストリアの作曲家、一八七四―一九五一年〕やバルトーク〔ハンガリーの作曲家、一八八一—一九四五年）のそそり立つグリッサンドとは違って、へたり込み、ぼろぼろになって、喘ぎ声となる。声が「割れる」のは、喉の機能不全を示するしではない。それどころか、喉が最適に機能している証拠なのだ。（グスタフ・マーラー〔オーストリアの作曲家、一八六〇—一九一一年〕の『亡き子を偲ぶ歌』（一九〇五年）を歌うキャスリーン・フェリアーの声を聞いていると、声が崩れ落ちるその稀有な瞬間にもまた心を動かされる）。ヨーロッパにおいて、歌に関して規則に背くとされていることの一切が、そして何よりも、適正さや均一性を欠く音が、文楽の中に組み込まれているばかりか、歓迎されてさえいる。こうして文楽における表現の幅は著しく大きな広がりを見せる。こうして、稽古はまるで探検のような様相を呈するようになり、三寿々が控え目ながらも注意深く私の左手に控えて月に一度手助けしてくれることが、私にとっては欠かせないものとなっている。三寿々の筋肉の記憶は正確で、その技術を支える装備も完璧だ。（日本の弦楽器では最も重い）三味線の弦、つば広で厚みのある撥（厚さ七ミリ）、水牛の角製の高く盛り上がった駒、どんな衝撃にも耐える皮の共鳴板。

私がイスタンブールを発つときトランクに入れたのは（何冊かの本やいくつかの台所用品を除けば）女友達にもらったラジオ一つだった。東京に着いた私の耳には、ラジオから聞こえてくる音はこれまでとはまったく違う響きを持っていた。ラジオから流れる音を聞いても、一言も理解できないのは当然のこととして、ある一つのことに気付いて私はハッとした。この声がまるで歌うようで、変化に富んでいるのは（男性の高音は、きわめて豊かな幅を持ち、男性は高音を使うことをためらわない）、そこには何かそれ以上の意味があるのではないかと思ったのだ。こんな言葉のやり取りを聞いていてなぜ楽しい気分になるのだろうという考えを突き詰めていくうち、気付いたことがあった。それは、声が対話しているということだ。絶え間なく二重唱（あるいは三重唱、または四重唱）を奏でていると言ってよいかもしれない。今喋っている人だけが孤立することはない。喋っている人はいつも支えられている。話し相手が様々に調子やリズムを変化させて惜しげもなく間投詞や決まり文句を次々と繰り出してくれて、（喋っている人の話を中断することなく）適度に区切りをつけ、続きを話すよう促してくれるのだ。いわゆる「交話的」機能の肥大と捉えるべきなのだろうか。こうした決まり文句（これらはすべて「私はあなたのお話をちゃんと聞いていますよ」という内容を伝えるためのものだ）が意思疎通において潤滑油的効果を生むことは言うまでもない。だがこれらの決まり文句は、私には、言葉を交わすことの音楽的喜びを表すものに思える。声は厳密な弁証法的交代には頓着せず、むしろ、それぞれのパートを歌って調和しようとしているように見える。それぞれのパートは共に歩み、互いの姿を決して見失うことはない。日本においては公の場で身体と身体が触れ合うことはめったにないが、その半面、言葉と言葉は常にこすれ合っている。

日常の言語がこのようなある種の音楽性を持つがゆえに、義太夫の誕生に有利に働いたのだろうか。義太夫とはまさに、歌と話し言葉の中間にある折衷的な生き物で、この生き物を私は飼い慣らそうと試みなければならない。さすがに、対話と語りの区別ぐらいはつくようになる。けれど対話もまた、旋律的な様相を呈することが多いため、対話から語りへ、語りから対話へと調子がどんなに急激に変わっても、平坦な調子になることもなければ、その反対に、起伏が隆起することもない。古典的オペラにおいてアリアとレチタティーヴォの間で起伏をうまく組織するような具合にはいかないのだ。しかも文楽においては三味線が攪乱者の役割を演じる。登場人物が語っているときには三味線は引っ込んでいるのが決まりだが、本来は沈黙を守っていなければならないはずのところで沈黙に嚙みつき、続く歌への繫ぎとすることがないわけではない（むしろ、そういうことがしょっちゅうある）。三味線が急に大きな音を出して（たった一つの音で、あるいは断続的に）闖入することもまた稀ではない。こうして、登場人物の「やり取り」の最中に闖入し、様々な感情が渦巻く最中に闖入した三味線は、これらの感情を突き動かす種々の力に再び張りを与えると言ってよいかもしれない。そこに確固とした規則があるわけではない。ただ、状況に合わせて偶発的に介入が行われ、侵入が行われるのであり、偶然に支配されているとはいえ、そこに即興の入り込むほんのわずかな余地を見出すことも難しい。

太夫見習いが岩棚の狭い小道を前進するイメージが私の頭に浮かぶのはなぜだろう。師匠のやり方を再現するしかないのだとしたら、弟子にできることは限られる。弟子の前には楽譜もなければ、読むべき記号もなく、解釈の余地を残す言葉もない。ただそこにあるのは師匠の身体であり、日々その身体を真似なければならない。風景はその後にやって来る、少しずつ、いつかは。

今日の稽古に三寿々の姿はない。東京の郊外で別の太夫との稽古があって来られないのだ。そこで今日の稽古は三味線なしで行われることになった。テーブルを挟んで越孝先生の正面に座る。背もたれのない窮屈な椅子は、黒いビロードがかけられふかふかしているが安定感に欠ける。三味線の音がないせいで私はまったく途方に暮れる。いつも私の左にいてくれる三味線は床に置かれたままで、布に包まれている。けれど本当のところは、三味線を弾く三寿々の身体がそこにないことに動揺しているのだ。三寿々の身体から絶え間なく伝わってくる緊張こそが私にとってこんなにも貴重な助けとなっていたのだ。師匠は私が語りを始めるのを待っている。何もない空間に私一人で飛び込めというのか。もう夏ね、暑いわねと言いながら、越孝先生は扇子であおいでいる。それから黙り込んで、お辞儀をする。これが稽古開始の合図だ。瞬く間に、扇子は折り畳まれて小さな打楽器に早変わりする。扇子をテーブルの端に打ち付けて、大きな乾いた音を出し、時には激しい音を立てながら、私の語りにリズムをつけていく。今や私たちは刀を手にして前進する。

音の風景……。

霧が一部晴れた後、ここかしこに入江や尖った岩が見える。そしてもっと遠くに見えるのは、松と松の間の騎馬行列。いくつかの船舶が段状に並んで地平線の外へと続き、空に接しているように見える。風が渡り、遠景には、つづら折りの道の途中で、どんなものからも中途半端なところに来てしまって一休みしている旅人の姿がとても小さく見える。

沈黙。

文楽では沈黙は稀である。それゆえ、沈黙がより耳に迫ってくる。芝居の仕掛けが突如として壊れ、動きを止め、不具合を見せる、そしてまた動き始める。長く続く沈黙は、並はずれた詩的強度を獲得し、信じられないほどの演劇的効果を発揮して、私の心を奪う。とりわけ、『仮名手《かなで》本忠臣蔵《ほんちゅうしんぐら》』塩冶《えんや》判官切腹の場面では、太夫の声が沈黙した後、三味線の、執拗で、諦観に満ちた音が響く。この音は一つの弦を空弾きすることで得られる。そして三味線は撥を置き、動きを止める。テクストと音楽がここで後退することが劇的役割を果たし、切腹という行為に新たな深みを加えるのは確かだ。だが沈黙は、動きを止めた時間ではない。そこでは、三つの身体が、切腹した登場人物と同じ姿勢で突如重なり合う。「腹」、臍の下にあるこの部分は、重力の中心であり、そこで世界と繋がっている。笈田ヨシによれば、腹こそは「声の根っこ」である。すべてのエネルギーの源である腹は、三つの標的の中心であり、三重の停止の対象なのだ。

太夫の姿勢だけでなく衣装もまた、腹を真の意味での台座とし、存在の土台としている（きっちり締めた帯の下には小さな砂袋を置いて、腹を押さえる）。太夫の身体は遠心力を持つ。太夫は、横隔膜を痙攣させて内なる力を伝播する。横隔膜という言葉が出たところで、ディドロの著作『俳優に関する逆説』を見るならば、太夫のあり方とは裏腹に、「内臓」や「心臓」に近いこの器官こそはディドロの拒否反応が集結する場であり、ディドロがすべてを「脳」や「頭」に賭けていることに気付いてハッとせずにいられない。俳優の身体、少なくとも、ディドロが望んだ俳優の身体は、求心的身体であり、すべての力が頂上に集まるピラミッドのようなものであった。（生理学的かつ文化的な二元論についてはここでは触れないが、そこでは、有機的対立が、よく知られた一連の組み合わせによって展開される。たとえば、天才と感受性、男性的なものと女性的なもの、文明化されたものと自然状態にあるものといった具合に）。ディドロにおいては、頭こそが「すべてを成すもの」であり、頭こそが、思索の中枢なのだ。頭においてこそ、この得体の知れない専制的な器官〔横隔膜〕の運命が決定されるべきなのだ。「感受性の鋭い人間は、自らの横隔膜に翻弄され過ぎている」〔とディドロは言う〕。また、横隔膜に頼った朗誦法は偽物であるから、その運命もまた頭に委ねるべきである。そして、頭という指令機関からこそ、「素朴な調子」の到来が告げられるべきであり、その時、「朗誦は、一種の歌であることをやめるであろう」。

けれど、そんな考えとは裏腹に、すべては「小指と足の裏」にあるとしたらどうだろう。笈田ヨシは、恩師の一人の言葉を伝えてこんなことを言う。「俳優は理論家である必要はない。俳優はあまりに論理的であってはならないし、知的理解だけによりかかってはいけない。身体で覚えることだ」。笈田ヨシは、自分が本を書こうと思ったこと自体間違いだったとまで言う。

次の稽古では三寿々が戻ってくれて、私もちょっと三味線を触らせてもらった。触ると弦がほつれていくようで、我知らず音が出てしまう。腰が据わらず、丸みもなく、充溢感もない音。ちょっと恥ずかしくなって私は三味線を置いた。三寿々は繊細なピアニストでもあり、西洋音楽もよく知っている。私がなぜ戸惑っているのかを察して三寿々は早速説明してくれた。不完全な音響と私が早とちりしたものがどうして生じたのか。弦を一本だけ棹の上でただ響かせるとこんな音になるのだと三寿々は説明してくれた（これを「サワリ」と言うのだと三寿々は言った）。私自身がこの音を出してみて初めて、唸り声のようなこの音が音として感知され、聞き取れるようになったということ自体、私の感覚がいかに奇妙に条件づけされていたかを明らかにしてくれる。三寿々が演奏しているときは、この唸り声は、異質ではあるものの、全体的で自然な印象の中に溶け込んでいた。私がこの違いを身体で聞き分けることができるには、実際に三味線に触ることが必要だったのだ。三味線をじっくり見て気付いたことがあった。ギターの上駒は普通、棹と同じ幅なのに、三味線の上駒は短いために、第一弦の最も低い音が何にも邪魔されることなく木の部分にぶつかるのだ。その日の稽古が終わってから私ははたと気付いた。「サワリ」という言葉と「触る」という動詞の関連は明らかなのに、どうして思い至らなかったのだろう。「サワリ」は「触る」から派生しているものの、その意味は元の動詞を大きく越えたものとなっている。

一九六〇年代にオリヴィエ・メシアン〔フランスの作曲家、一九〇八―九二年〕の教えを受けた丹波明は、次のようなことを語っている。鍵盤楽器が一六世紀末にヨーロッパ人によって日本にもたらされたとき、琵琶や三味線の扱いに慣れていた演奏家たちは、音源に対して手が遠く隔てられていることに戸惑い、いまひとつなじめなかったという。弦との間に立ちはだかるものがあるのに、どうやってグリッサンドを行うのか。ビブラート一つ思うようにできないではないか。鍵盤楽器の弦をどう弾《はじ》くのか。鍵盤楽器の弦が生み出す波動にどう働きかければいいのか。どうこすればいいのか。

丹波明は次のようにも述べる。三味線は琵琶の「サワリ」の手法、この「複合的な振動、あるいは（和声的音に基づく）共感的な振動」の手法を取り入れて、これをさらに発展させた。三味線は一七世紀半ばに取り入れられたが、一九世紀初めには「異物（ボール紙、小さなねじ、鉄線など）」が組み込まれるようになった。三味線の渡来以降一貫して日本では、雑音の効果を高め、そのことで「質感のある音の構造」を作りあげようとする動きが見られた。ところが西洋ではこれとは逆に、楽器の音からこぶやとげを取り除いてきたのだ。〔日本では〕音の輪郭をぼかし、音の背丈を解体し、分子運動に還元し、素材の自由な対話に還元することが、意図的に行われ、合意に基づき進められ、要求された。音の解体というこの動きは後に、ヘンリー・カウエル〔一八九七―一九六五年〕やジョン・ケージ〔一九一二―九二年〕が〔弦に金属や木片などを挟んだ〕プリペアド・ピアノによって、これまでとは違った音楽の歴史の可能性を切り開こうとする動きに繋がる。丹波明にとって（武満徹〔一九三〇―九六年〕など、他の作曲家たちにとっても）「サワリ」は日本特有の美学のしるしであり、何より大切なのは「聴衆が直接的に感じ取る心理・生理的効果であり、そこに知的分析の入り込む余地はない」。

「サワリ」は、平均律で表現される宇宙の偉大な調和の中に紛れ込んだ小さな砂粒のようなものだが、これが、私の中で少しずつ、まるで拡大されたかのように重要な細部となっていく。「サワリ」に私はいたるところで再会する。尺八の斜めの切り口を持つ吹口から吐き出される空気は、強烈な効果を生む。琴の弦を掻き鳴らすときのざらざらした音。太夫の語りに入り混じり、引き倒すかのような、「ガン」「ニャン」「オン」といった音もそう。三味線弾きが発する「オ」という声。ミショーが耳にしたのはこの種の音だったのだ、出だしの部分だけが残され、対位法には還元できない音。

ある種の和音は、何の前触れもなく、撥によって信じられない硬度で打ちつけられ、撥は小太鼓でも叩くかのように激しく打ちつける。これを目に見える形で表現すれば、長谷川等伯〔一五三九―一六一〇年〕による松林図屏風になるのではないか。墨絵で描かれた冬景色を彩る松の葉はまるで磁石に引き寄せられる砂鉄のように震えている。あるいは、化け猫が背中を震わせるように、と言うのがいいか。背景の森と霞はわずかにその輪郭が示されるのみ。私は思い描く、この画家の慎みを。ゆっくりとした動作で、ことさら力を込めるふうでもないのに、筆先までエネルギーをみなぎらせて、この幻想的な脳波図を刻みつけていく。

「サワリ」は至るところにある。視野の中、頭巾をつけていない顔の下、表皮の振顫《ふるえ》の中にも。

人の声は、雷に打たれた木々の間をめぐり、そこで引き裂かれる。人の声もまた「サワリ」から逃れられない。なぜなら、義太夫節が話し言葉の外で構想されたことはないからだ。義太夫節が話し言葉を不純なものと感じたことはなく、話し言葉を追い払うどころか、義太夫節誕生のその瞬間から話し言葉を歌に統合した。義太夫節は、喉音、軋むような音、顔をゆがめて出す音、唾を吐くような音など、望ましくないはずの効果すべてを強めさえした。他のこと同様声についても、何より優先されたのは声色であった。これは快挙と言ってよい。関連して思い出されるのはピエール・ブーレーズの嘆きである。シェーンベルクの『月に憑かれたピエロ』〔一九一二年〕から、自身の『ル・マルトー・サン・メートル（主なき槌）』〔一九五五年〕に至るまで、シュプレヒシュティンメ〔話すような発声法〕の誕生と進化について一九六三年に概観したピエール・ブーレーズは、解決困難なアポリアをそこに見て、これに適切な解答を与えることは絶望的であるとした。ブーレーズは言う。「話すことを歌うことから隔てる多くの困難に出会う」のだと。その困難とはそもそも、話すことと歌うことの区別を絶対的な基準とみなすところから生じるのではないか。日本の伝統は、この問題に関して、別の視点で見てきたように思える。日本の伝統は、話すこと、歌うことという声に関する二つのことを、何よりも、連結と相互浸透という観点から考えてきたように思えるのだ。その証拠として挙げられるのが、義太夫節には、複雑な分類を要する様々な調子があるということだ。「詞《ことば》」（話し言葉の調子）と「節《ふし》」（旋律の調子）の間に、「地《じ》」という第三の調子があって、地は不安定で、様々な形態をとり、翻訳不可能で、あるときは詞に対立し、あるときは節に対立するが、どちらとも輪郭を共有する。このように三つの区分があるばかりではない。詞と地の間にはもう一つの概念、「色」が入り込み、（色と地色という）二つの側面を上手く用いて、純粋な対話から萌芽状態の旋律への移行を滑らかにするのである。井野辺潔によれば、こうして得られるのが、詞、色、地色、地、節と移り変わっていく一連の動きであるという。言うまでもなく、演者自身にしてみても、こうしたニュアンスの違いをすべて具体的に描写するのは難しいことだ。義太夫節初心者の耳にとって興味深いのは、理論をこねまわすことではなく、中間的で少々漠然とした領域の連なりからきわめて示唆的なヒントを得ることであって、別の理論をいわば緩衝材として、正面衝突を避けることだ。ここに見られるのはワーグナーの二元論とはかけ離れたものである（ワーグナーにとって、話し言葉は歌とは「性質の異なる」ものであった）。そのことを考えると、ワーグナーの後、シュプレヒゲザング〔語りと歌の中間的様式〕がなぜ袋小路に陥ったのかがよりよく理解できる。

様々な調子の流動性について納得するには、義太夫節の創始者、竹本義太夫が喚起するイメージを引き合いに出すのがいいだろう。「地は水の如きものだ。詞はながれの如きものだ。ふしは淀みの如きものだ」〔『竹本秘伝丸』凡例、守随憲治訳、『古典日本文学全集　三六　芸術論集』（筑摩書房、一九六二年）所収、二二六頁〕。別の場所ではこんな風にも言っている。「せりふは、川瀬のごとくさらさらともたれぬように語り、節は、淵のごとくゆったりと味わい深く語るべきである」〔同書、二二五頁〕。

流動的なものに関する理論をどう作るべきなのか。

専門書の記述を信じるならば、義太夫節に関しては、理論的考察はあまり試みられていない。もしかしたらそれは、「サワリ」のせいではないか。「サワリ」によって常に振動しているため、義太夫節を体系的に捉えようとする一切の試みが退けられてきたのではないか。「サワリ」による震えゆえに、不安をかきたてられ、詮索するような聴き方を強いられ、ずっと成果をもたらさずにきたのではないか。「見よう。理論を絶えず解体するものを見よう」とクリスチャン・ドゥメは言う〔『日本のうしろ姿』二〇〇七年〕。日本での生活を経験したドゥメは、すべてを包括するような理論とは無縁であろうとする。だが理論は、演劇と共通する語源〔見るという行為〕に示唆されるように、「鋭敏なものの見方」によって解体されるばかりではない。耳を傾けることによってもまた解体されるのではないか。「永遠の絶対的他者に注意を向け」、耳を傾けること、これをドゥメは、日本という異郷に近付くための主要な条件としていたが、この方法こそ、太夫の弟子となった私がどこまでも貫きたいと願っているものである。

ブーレーズ。彼が感じていた気づまりは、様式的なものにとどまらず、何より技術的なものでもあった。「どうすれば朗誦が音楽と一体となるように記譜できるか」という問いである。シェーンベルクの記譜法が失敗に終わったことを認めてブーレーズは次のように述べる。「歌うための楽譜に従って語ることができるだろうか。それこそが難問で、論争の出発点となる」。だが、一筋の光明があるのではないか。ブーレーズは能を賛美し、極東の音楽劇によって奨励される解決策が妥当なものと認めている。けれどブーレーズが極東の音楽劇の具体的な内容について一切沈黙していることは、この価値観が彼にとっては極東という地域に限定されたものであり、一つの文化から別の文化へと持ち出すことは不可能と考えていたことを示す。西洋における解決策は「まだ見つかっていない」のだ。

それもそのはず。丹波明は説明する。日本において技術が口承伝承という形をとってきたのは、この形態こそが、流動し変化し続ける資質に最適の方法と考えられていたからである。つまりこうすることで、「形の定まらない音楽」、高さもテンポもリズムも定まらない音楽を最大限に尊重できると考えられたのである。一三世紀までの日本には「定型化された音楽」があったが、それは中国起源の音楽であった。ところが、武家政権が土着の源泉への回帰を求め、大きく進化する性質を持つ音、恣意的な音の復元を求めたのだ。このような音は記譜にはなじまず、むしろ記憶術による手法での作曲へと導くものであった。こうして「細胞」、つまり、あらかじめこしらえてあって、いかなる組み合わせも可能な旋律やリズムの微小な構成単位をある特定の統辞法で組み合わせ、並置することで、音楽家は作曲を行ったのである。(一九五八年に二代目鶴澤清八〔一八七九―一九七〇年〕が行った調査によると、こうした「細胞」は二二七を数え、一一種類に分類でき、それぞれ、音楽の中で一つの明確な役割を果たすという)。丹波明によれば、これらの「共通の最小単位」こそが、様々な複雑な形態の保持を可能としたのだという。というのも、こうした共通の最小単位は、即座に「それと認識」されるものであったためである。共通の最小単位のおかげで、今日なお、〔楽譜に頼らず〕感覚を研ぎ澄ませることでこうした音楽を学ぶことが可能なのだ。

日本の「細胞」を他の場所に移入することはそれほどまでに不可能なのか。ルチアーノ・ベリオ〔イタリアの作曲家、一九二五―二〇〇三年〕作曲の『ヴィザージュ(顔)』(磁気テープのための曲、一九六〇―六一年)や『セクエンツァⅢ』(女声のためのアカペラ、一九六六年)を歌うキャシー・バーベリアンの歌声に耳を傾けていると、そんなことはないという気がしてくる。もっといいのは、ヤニス・クセナキス〔ギリシャ人作曲家、一九二二―二〇〇一年〕の『カッサンドラ』（二〇弦のプサルテリウムと打楽器奏者、バリトンのための曲、一九八七年）を歌うスピロス・サッカスの声を聞いてみることだ。この「新しい声」（ベリオが用いたこの表現を、キャシー・バーベリアンもまた一九六六年の記事「現代オペラにおける新しい歌唱技術」で用いている）は、声を出すための文化的様式から、声を深く引き離すことなくしては生じ得なかった。そう、自分自身から遠く身を引きはがすことを受け入れ、自らの身が侵食されるに任せ、他者を住まわせ、自らの身を捕食されるに任せることが必要だったのだ……。

「組討」において、私はまたもや大きな困難にぶちあたる。その困難は、声と楽器の拍動の違いに起因するのだろうと私は思う。だが「ぶちあたる」という表現は少し違う。戯曲全体が渦を巻き、通行不能地帯へと向かうように思えるのに、どうやってこれを避けられよう。リズムの要所がそこにあり、私はいつも恐れと共にそこに赴く。昔のことを思い出す。子供用の百科事典の頁をめくっていくと、ある映画の一場面があって、それを見るのがとても怖かったのに（エイゼンシュテインの一九二五年の映画『戦艦ポチョムキン』（一九七六年版）のオデッサの階段で、女が頭から血を流している）、私はどうしてもその頁を避けることができず、その頁の罠にひっかかるのだった。ただし義太夫節にはそのような危険はない。私という船の船体は貨物もろとも沈没するわけではない。ほんの束の間呼び出されて、乱流地帯、どんなメトロノームでも測れない複層的時間に翻弄される乱流地帯へと投げ込まれるが、その度に私はそこから遠く引き離されてはまたすぐ、そこへ連れ戻される。そこには何か磁力でも働いているかのようだ。そこには、メシアン、リゲティ〔ハンガリー生まれの作曲家、一九二三―二〇〇六年〕、シュトックハウゼン〔ドイツの作曲家、一九二八―二〇〇七年〕の作品に見られるような、異時性が支配しているのか。ブーレーズに促されて音楽的時間の検証を行った際にドゥルーズが生物学的現実の基礎と関連づけたあの異時性がそこにはあるのか。ドゥルーズによれば、「私たちが歩く時はリズムを刻んでいるわけではなく、泳いだり空を飛んだりする時も同様」なのだから。たしかに、私の印象では、三寿々の三味線は、私の中のリズムとは違うリズムで進行していて、次々と枝分かれしていくこともしばしばだ。三寿々の三味線のリズムは、私の耳や神経組織をずっと律してきた拍動に還元できるものではない。私と三寿々の二重唱は、むしろ風と海の、あるいは風と鳥の対話に近い。三寿々の三味線が私の語りを妨げるということではない。そうではなくて、三寿々の三味線は、ジグザグに走りそこに溶け込むことを私に強いる。（もっと後になって理解できたことだが、三味線もまた、太夫から同じ制約を受けており、両者の結び付きはまったく対等である）。したがって義太夫節における「時」は「揺れる分子の集まり」であり、こっちに引っ張られあっちに引っ張られして、その度に、形あるものと決別する誘惑に晒される。再びドゥルーズの言葉を借りるならば、そこにあるのはテンポではなく、「リズムという概念を越えたもの」である。だが、それぞれの線が一つになるとしたらどうか。それを偶然と言うべきか。

「義太夫節って何ですか」、こんな質問をよくされるけれど、一言で答えることは不可能だ。歌の技術ですと答えたならば、朗誦について無視することになってしまう。叙事詩や物語を語る芸ですと言うならば、演劇的広がりを伝えられない。だが、これは演劇ですと言いきってしまうと、語り物としての性質がどこかにいってしまう。だが、太夫はただの語り手ということにすると、今度は歌がどこかにいってしまう。

だからこの質問に正面から答えるのはよして、ジャンルの問題には耳をふさぐことにしよう。この問題に割って入るのはよそう。割って入るということは、分断することを必然的に意味するものだから。義太夫節は木でもあり、水でもあり空気でもある。

今晩の私は、前のお弟子さんの稽古が終わるのを待っている。ここは、本郷の小さな家の一階だが、(いつから積み重ねてこられたのだろう……)多くの手書きの本の山がいくつもあるおかげでこの小さな家はかろうじて立っているのではないかという気がしてくる。私はおさらいをする。越孝先生が平仮名(私にとっては漢字よりもこちらのほうが読みやすいので)に直してくれたテクストを今度は私がローマ字に書き直したものだ。越孝先生が特別に許可してくれたのだが、先生の前で演じるときには、漢字まじりのちゃんとした床本をこの上に先生が置く。一種の目くらましだ。

床本。太夫は床本を前にして語る。太夫は床本なしで済ませることはせず、定期的に床本に目を落とす。文楽においてテクストは、ヨーロッパの伝統におけるタブー（つまり崇拝）の対象ではない。したがって、ヨーロッパの俳優が、テクストを完全に自分の身体に取り込んで、まるで恥部を隠すようにして、できるだけ早く舞台からその姿を消し去るというようなことは文楽とは無縁である。ヨーロッパにおいては、俳優が登場人物の台詞と完全に共生できるようになる前のこの最後の砦とも言うべきプロンプター・ボックスが、目立ち過ぎるという理由から、取り払われたという事情も考慮すべきなのかもしれない。いずれにせよ、文楽においてはヨーロッパとは違い、テクストの公益が認められているのだ。「床本」を前に置いて語る太夫の姿は文楽の品位に不可欠であることに加え、語りを始める前と語り終えた後に太夫が床本を高く掲げて見せるあの所作が、芝居の幻影を翻弄する。

床本は、墨で書かれた手書きの頁を束ねたもので、その厚みもまちまちだが、そこには、草書体の大きな文字が頁全体を埋め尽くしている。床本は使い込まれて、けばだち、角が折れ、黄ばんでいる。床本は、師匠から弟子へと受け継がれていくものだからだ。中身がぎっしりつまっていて、扉が固く閉じられているように見える床本を前にするとひるんでしまう。（事実、床本を手にするには、何年もの修業を経なければならない）。これを手にする太夫同様、床本もまた、どっしりと構えている。床本の現代版もまた、元のテクストの配置を尊重していて、語り手の声を登場人物の声と切り離すということはしない。語り手の声は、むしろ「つなぎ」（料理でいうあの「つなぎ」）の役割を果たすのであって、床本を読むと、登場人物それぞれの声は、香辛料のように、一瞬自己を主張しはじけたかと思うとすぐに背景（下地）へと戻り、そこから切り離せない。翻訳では、語り手と登場人物の声はすっぱり切り分けられる。仕方のないことではあるけれど。発話者を示すことに基づいた劇作法の作法に従って、発話者の名前が発話の度に示されるが、文楽の作者は、そのようなことはしていなかったのだ。翻訳では、スペースが入れられ、分析的区分が導入され、それぞれ別個の発話として処理されるが、元のテクストでは、すべての声は混じり合っていたのだ。

西洋演劇のテクストに驚きはない。ページ上で名指された登場人物は、ある特定の身体を備えた存在として舞台上に現れる。モノにたいして記号が呼応する。これはそれを表象する。記号についての古典的体制においては、芝居においても、他の分野においても、表象の前提条件となるのは、「表象にまつわる種々の用語の間に一義的な対応関係が存在する」という了解であると、アラン・メニルは述べる。メニルによれば、デカルト〔フランスの哲学者、一五九六―一六五〇年〕こそが、こうした記号論の起源である。一七世紀から一八世紀にかけての逆説の問題のいっさいは、モノと記号の摩擦から生じた。俳優が自分の役に一体化すればモノと記号の混乱が起きるし、熟考した演技によってモノと記号の距離を保とうとすれば、逆説の問題が生じることが避けられない。

文楽における案配はまったく違う。表象に関する二つの体制が隣り合っていて、なおかつ、非対称的状態にあるのだ。右手、テクストの側では、複数の役割がたった一人の太夫によって動かされている。左手、舞台上では、一つの人形が複数の人間によって動かされている。ここでは、二分化は、俳優のうちに宿る内面のドラマとはなり得ない。ディドロが断じたような、「頭」と「横隔膜」の葛藤ではないのだ。そうではなくて、切開の後で組織と肉を広げる作業にも似ている。私たちの古い考えは行き場を失って苦しむ。主体は砕け散り、別の形をとって現れてくるからだ。「組み替えるのだ」とサド〔フランスの作家、一七四〇―一八一四年〕なら言うだろう。珍奇な解剖図が私たちの前に差し出され、解読されるのを待っている。何かが顔を出す。ただし、覆いが取り払われて、何かが新たに発見されるというのではない（そういうやり方に罠が仕掛けられていることはよく知られている）。そうではなくて、演劇が裏返され、その本質に立ち戻るのだ。切り株のような俳優の（始原の）身体が、割れて、地面を離れ、枝分かれし、巨大な構築物となって空中に伸びていく。そこに生じるのは林冠のようなもの、木々の葉が生い茂り、分割され、ロープ状になり、区分されていく、内面の陥入によって。覆いをすべて取り払うのだ！まるで舞台が再浮上してくるかのよう。私たちの意識もまた溢れ出し、増水して、新たな逆説の呼び水となる。こちらではまったく外面的な操作が行われ、あちらでは純粋に声だけが響き渡る。けれど、舞台上の非人間的身体を構成するバラバラのパーツのどこかに、いたるところに、人間の、そして人間の欲望の詩的存在が感じられ、これに手を触れることができそうに思える。

人形の頭の可動部分は、糸の束によって人形遣いの指に繋がり、動かされる。ただの糸に過ぎないものと私は思っていたが、三味線の（絹、またはナイロンの）弦にも使われるものだとたった今教えてもらった。

へえそうなんだ！

三味線の弦がこうして舞台の端と端に隔てられて配されているのが、皮肉にも隠されていることを知って、不意に背後からどやしつけられたような気がして、驚いてしまった。

私はこの本の最初から、文楽の神経組織を執拗に解剖し、目の前の神経線維を一つ一つ切り離そうと努めてきたが、解剖学におけるこの新たな発見によってまた一つ教えられることとなった。これから演奏しようとするピアノの近くに第二のピアノを置く演奏家がいるのと同様、三味線もまた、もう何百年も前から、その弦を人形の内に仕込むことで、二つの空間を共振させ、同じ音を奏でさせようとしてきたのだ。

今一度検討してみなければなるまい。

全体がしっくり結合していることに今まで気付かなかったわけではない。それは火を見るより明らかなのだから。けれど、〔三味線の弦が人形の内に仕込まれていたという〕まさにこの細部によって、私は改めて考えさせられる。文楽においてすべてがしっくり結合しているのはなぜかという疑問をこれまで一度も抱かなかったのはなぜだろう。

私自身のどの場所、どの部分を手放せば、はっきりと何かをつかむことができるのか。

人形遣い、〔初代〕吉田玉男は次のように述べている。

「太夫の語りが本質的であることは言うまでもありません。けれど、私が人形に与える動きが別の次元のものを言葉に与えて、言葉を説得的なものとするのです。太夫は芸術家です。太夫の解釈に対して、私が口を差し挟む余地はありません。感情表現をいかにするかを私が太夫に指図する立場にはないのですが、私は私で、この感情を伝えようと努めるのです。三味線が第三の力となります。私たちの仕事は三者三様です。だいたいにおいて、私たちは互いにうまく補い合いますが、時には……。運がよければ、完璧な調和が生まれます。そのためにこそ、私たちは絶え間なく研鑽を積んでいるのです。それがどういうものか言葉で言うのは難しいのですが、筋の運びと言葉と音楽を一点に凝縮して、生命を創り出そうとしているのです。これこそ文楽の真の意味であり、要所なのです。私たちの息が合わなければ、作品の美は失われてしまいますし、私たちそれぞれの才能ももはや意味を持たなくなります。人形の動きはただたんに、音楽に合わせて身をよじるただの操り人形となってしまうでしょう。」〔バーバラ・C・足立『文楽の舞台裏』一九八五年〕

ただの操り人形？

（ミショーの『アジアにおける一野蛮人』の熱心な読者でもあった）ニコラ・ブーヴィエは、一九六〇年代に、「農協の開会式」に招待されたときの思い出を語っている。ずいぶん歓待されて、人々は陽気で、ご馳走を振る舞われた。心地よい一日のためにすべてが取り集められていたという。

「けれど、二時間もすると、ずいぶん長いことそこにいるような気がしてきました。というのも、そのホールには、誰もいないといってもよかったのですから。そこにいるのは善意の途方もない塊、礼儀正しく勤勉なものの塊であって、集合的な魂が、ふしくれだってよく磨かれた身体に分散していただけで、そこに誰かの姿があったわけではないのです。」

誰もいない、本当に？

そこで私は自宅からすぐそこのラーメン屋の店開きに駆けつける。

注文を受けてさばく人、レジ係、料理人と見習いの数のほうが、ラーメンの味を確かめにやって来た客よりも多いくらいで、何にせよ、店のスタッフのほうが、客よりもテンションが高い。店のスタッフはそれぞれ自分の役割に没頭し、集中して、自分の仕事にかかりきりだ（洗い物をしたり、野菜を切ったり、時間を測ったり、水、ご飯、お茶を出したり、テーブルを片付けたり）。調理に専念する者たちも、それぞれの持ち場で分業を行っている（詰め物をしたり、揚げ物をしたり）。ところが、客が店に入ってきたり、注文を受けたりする度に、声を揃えて元気よく高らかに「いらっしゃいませ」とか「ありがとうございました」と丁寧な挨拶をする。店のスタッフの間で交わされるかけ声が生み出す喧騒は、店の空気が形となったものにも思われる。いやむしろ、ピストンを思わせるほど機械的な周期で繰り出される空気の流れと言ったらよいか。その周りに集まってくるバラバラの所作や小さな機能のすべてが秩序立てられる。そして、ちょうどプルースト〔フランスの作家、一八七一―一九二二年〕の小説〔『失われた時を求めて』一九一三―二七年〕における〔架空の町〕バルベックでのように、世界的規模のバレエが、丸いテーブルからテーブルへと給仕をしてまわる店員たちによって繰り広げられる。これらすべてがひと塊となって、店の中に小さいけれど吸引力のある小宇宙を形作るのだ。

このイメージに似たものが、文楽の舞台に出現しているのではないか。

だから、舞台の上に「非人間的」なものしか見ないとしたら、それは考え違いというものだろう。なぜなら、文楽の舞台に登場するのは、別なありようであって、それは人と人との関係なのだから。そして文楽の演技に見られるのは、相互作用が高度に洗練された姿なのだ。文楽において、個人は何よりも他者との関係性において捉えられる。

文楽において俳優の身体はたしかに分割されている。だが、だからといって、分割された身体をそのままにして、それぞれのパーツ、外観、側面をそれぞれの領域内に閉じ込めておき、どの粒子もそこに向かう権利を持つ地平を拒むとしたら、それもまた考え違いというものだろう。地平と言ったが、それはどこに向かうのか。もちろん、ここにあるのは、統一性へのノスタルジーではない。それぞれの断片が向かうのはある一つの総体であって、唯一のものではない。文楽における断片にとって、再び同じ像を結ぶということは思いもよらないことだろう。そこが、ジャン・コクトー〔フランスの作家、映画監督、一八八九―一九六三年〕の映画（『オルフェ』一九五〇年）におけるオルフェの鏡と違うところであって、分割された姿を忘れさせて、滑らかで継ぎ目のない外見に立ち戻ることはない。

文楽の人形は新しいタイプのモノで、外からやって来た一人の演出家が人形の下に人形遣いたちを取りまとめるというのとも違う。したがって河竹登志夫による主張（つまり、文楽の人形にはゴードン・クレイグの理想の実現が見られるのであり、非自然主義的演技、極度に様式化され、「超人形」という形に結実する演技の理想が実現されているとする主張）は、一見すると魅力的だが、最終的には受け入れがたいと私には思われる。これには二つの理由がある。

第一の理由は技術的なものである。人形の完璧さだけを絶対的基準として文楽の人形を「超人形」と呼ぶことで、全体のメカニズムの複雑さが覆い隠されてしまう。人形は、太夫や三味線同様、一つの歯車に過ぎない。文楽にクレイグの言う「超人形」のようなものがあるとすれば、文楽を構成する全体を考慮に入れるべきであろう。三人遣いという形態のみならず、三業（人形遣い、太夫による語り、三味線）が一体となった状態も含めて考慮すべきなのだ。

河竹の説が受け入れ難い第二の理由は、方策的なものである。クレイグは、俳優の身体は「芸術の道具となるには不適切」として、俳優の身体にお引き取りを願い、俳優の代わりに「超人形」を導入した。こうしてクレイグは、演技の物理的現実に対して演出家が及ぼす力を絶対的なものとしたのだ。ところが文楽では、すべてを統括するチーフも指導者も必要ないし、ある芸術が他の芸術よりも優れているという考えもまた、文楽とは無縁である。たしかに文楽においても序列は存在する。ただしそれは舞台袖での話だ。舞台袖の序列は舞台上では何一つ現れることはない。〔頭巾で覆われ〕目に見えない頭も含めた複数の頭、それぞれの持ち場にいる者たちの視線が一極に集中して、いずれもが、時間的にも空間的にもとても遠くからやって来ていながらも、隣り合っている、複数の中心を持つこのあり方はますます強まるのに、様々な方向に拡散するどころか、同じ意味作用を目指すのである。この合議的あり方は同時代ヨーロッパにおける王権主義的モデルとはかけ離れたものである（この点にピエール・ドゥヴォーは注意喚起する）。このような王権主義的モデルが同時代のヨーロッパにおけるオペラでは君臨してきて、嗜好に関する絶え間なき論争でオペラを引き裂いてきた。そればかりでなく、もっと後の時代になっても、この王権主義的モデルは幅を利かして、劇団やオーケストラを支配してきたが、この状態がいったいいつまで続くのか。

西洋における解剖学的パラダイムの変遷についての素晴らしい著作〔『解剖学者の視線　西洋における解剖と身体の発明』二〇〇三年〕の中でラファエル・マンドレシが強調するのは、皮をはがれたものこそが、演劇の始まりとなったということである。ルネサンス期の最先端科学は、創設的空間を再発見し、絶対的なものの見方を手に入れる見通しをついに得て、際限なき分析の旅に出た。解剖室においては、身体全体が分割されて、それぞれの部位はすぐさま、もっと精妙な断層撮影にかけられる。きわめて急速に、解剖は比喩以上のものとなり、知のあらゆる領域において知を獲得する方法となっていった。

私たちが世界と取り結ぶ関係は、ほとんど有無を言わせず、この微粒子化の動きに基づくが、この微粒子化の動きほど、文楽の現実と逆行し、文楽の現実から私たちを隔て続けるものはないのではないか。事実、文楽における思考方法は、微粒子化の動きとは別物である。文楽における全体は、様々な要素から秩序立てて構成された総体としては現れてこない。したがって、これを分解することもできない。加藤周一は、日本における時間と空間の特異性について述べるとき、全体を構成する一部分として「ここ」と「今」を扱うが、全体は部分に先立って存在するわけではないことに注意を喚起している。「ここ」の一つ一つ、「今」の一つ一つが、それぞれ全体に対して、同等の地位を占めるのだ。禅僧道元にとっても、絵師長谷川等伯にとっても、どんなに小さな草一本でも、時間と空間において、出来事として、他と遜色ない力を持つ。そして、寺院においてはどこでも、閉じられた空間において、どんなに小さな石も、周囲の石との間に振動的関係を打ち立てており、熊手で入念に模様をつけた石庭、どこまでも続く空虚のうちに置かれながらも、優雅にしつらえられた石庭の中にそれぞれ固有の位置を占めているのだ。こうした現実至上主義、場所中心主義には深い意味がある。全体ではなく、部分に特権的地位が与えられるのだ。つまり、加藤周一の言うように「空間の構造化は、全体を分割して部分に到るのではなく、部分を積み重ねて全体を現出させる」〔『日本文化における時間と空間』二〇〇頁〕。

シャルル・エティエンヌ〔フランスの作家、医師、一五〇四？―一六四年〕とその「解剖学的演劇」は日本で通用する見込みがあっただろうか。

こうして、私は現象の一面のみに固執して意識を曇らせてしまうところだった。私もまた、全体の効果よりも断片的なものが勝っていると信じ込んでしまったかもしれない。そう、こうすることで、西洋文明に深く刻み込まれた要因にまたもや従ってしまったかもしれないのだ。そうなったのは何よりも、文楽について書かれた最も美しいテクスト（フランス語で書かれた稀少なもの）の一つをかつて読んだためかもしれない。ロラン・バルトの『記号の国』はそういう意味では西洋文明の病の兆候を示している。そこでは文楽は「完全なスペクタクル、だが分断されている」と述べられている。まず全体があり、そこから全体を構成する要素が引き出される。こうしてバルトを読み返すと、かつての私があまり注意を払わなかった細部が、私をハッとさせる。「したがって声は脇に追いやられる」とある。だが、文楽において声は、脇に追いやられるどころか、演劇史において初めて、真の意味で舞台に登場したのではなかろうか。これに加え、バルトのテクストは、二つの意味の網の目を対比させ、対立項とする。一方には、区切りの、分断のそして組み合わせの語彙が用いられ、これこそが文楽の特徴であるとされる。他方では、関係性と継続性のあらゆるイメージがあり、俳優の身体に集結する。俳優の身体は「有機的統一性」の場となり、「全体性の幻想」の完璧なモデルとなるが、これこそが西洋演劇の基盤となる。このイメージ自体は、固有の力強さを持っているし、特有の演劇性を備えていると言ってもよいだろう。流動するものや分割不可能なものは「ねばねばした物質」の中に絡め取られて、「鳥もちにひっかかった」ようになる。統一とは、結局、窒息を意味するのだ。

　つまりそれはどういうことか。

　渡辺諒が秀逸な考察（「バルトにとっての日本」）において述べているように、西洋の言説の限界の一つは、ある文明について、自国の文明から最もかけ離れた側面を一つ選びとり、自国の文明の対極にあるものとして提示するだけでなく、時にはこれを利用して、自国の文化を非難し、否定することさえあるという点にある。渡辺によれば、バルトが（『記号の国』において）記号のユートピアとしての日本を描こうとしたことは疑いの余地がない。当時のバルトは、西洋的記号の至上主義に疑いを抱き、自らがそのなかで育まれた象徴体系に見られる思い上がった帝国主義を糾弾していたのだから。バルトがこの再評価にあたって演劇に特権的な場所を与えたこともまた、疑いの余地がない。バルトは文楽に、かつてブレヒトの中に見て以来讃え続けている「異化効果による美学」を再び見出したばかりか、文楽においては人形が用いられるため、この美学が最高の水準に高められるのだとしている。後の作品『テクストの快楽』（一九七三年）においてバルトは、「「〜対…」という記号論的偉大な神話」を再び持ち出し、これに揺さぶりをかけるが、文楽を扱った三つの章を貫く二分法（「有機的連続体」対「規範の不連続性」という二分法）は、複層的で並列的な文楽の舞台特有の共感覚からバルトの目をそらしてしまったのではないか（バルト自身は「知的知覚過敏」でよしとする）。感覚世界を根底から揺さぶるほどの全面的衝撃を引き起こす文楽の特質が、二分法のせいでバルトには見えなくなっていたのではないか。

歌の題は
都《みやこ》。葛《くず》。三稜草《みくり》。駒《こま》。霰《あられ》。笹《さゝ》。壺菫《つぼすみれ》。女蘿《ひかげ》。菰《こも》。小鴨《たかべ》。鴛鴦《おし》。浅茅《あさぢ》。芝《しば》。青鞭草《あおつゞら》。梨《なし》。棗《なつめ》。朝顔《あさがほ》。〔著者が参照した仏訳書は、溝口白羊『譯註枕の草紙』（岡村書店、一九一五年）を底本にしているため、この版（二一六頁）に従った。〕

これは一一世紀初頭、清少納言によって書かれた『枕草子』の一節であるが、作者が見たり感じたりした雑多なもの（それ自体、バラバラである）をとりまとめ、小宇宙をいくつも集めたようなものとなっている。何の序列も方向性もない星雲のようなもので、優雅な遊びによってかろうじて繋がっていて、一つのものから別のものへとぴょんぴょん飛んでいく。こんな奇妙なテクストの集合体を読むにはどうしたらよいのか。どこから手をつけるべきか。「反大全」とも呼ぶべきこの作品についてジャクリーヌ・ピジョーが捧げた研究は、二つの視点の間を揺れ動く。たとえば「分裂したリスト」という章題は、現実の「再分割」という意識的操作を思わせるが、このイメージは程なくこれとは反対のイメージによって補われることとなる。つまり、今度は、構築するリスト、かき集め、関連づけ、そろえ、包含するリストについて述べられていくのだ。創造行為を読み解くのに、どの方向性をとるべきか。ユダヤ＝キリスト教の創造の伝統に従って、物質の分離による創造なのか、それとも、組み立てや接合による創造か。

俳句の小さな、とても小さなアンソロジー

けろりくわんとして烏と柳かな　小林一茶
人一人蠅も一つや大座敷　小林一茶
手斧打音も木深し啄木鳥　与謝蕪村
南天をこぼさぬ霜の静かさよ　正岡子規
盆踊りあとは松風虫の声　今泉素月尼
西吹ケば東にたまる落葉かな　与謝蕪村
白露や茨《いばら》の刺《はり》にひとつづつ　与謝蕪村
てらてらと石に日の照る枯野かな　与謝蕪村

白露や芋の畠の天の川　正岡子規

こうして一つに集められた身体に何ができるのか。

スピノザの疑問をこうした言葉で再度問う必要があるだろう。もちろん、先に立てた疑問に反駁するためではなく、家の中に部屋を一つ追加する要領で。加藤周一によれば、日本文化と思想には、「建増し」原則〔『日本文化における時間と空間』一九二頁〕がまるで神経組織のように張り巡らされているという。私をまず驚かせたもの、こうした断片からなる情景は、それ自体は何一つ変化しないまま、新たな力、凝固する力を受けて、別の形態をとるようになるだろう。物の見方は全体を包摂するものとなり、光を回折させるやり方に重なり合うが、だからといってこれをすっかり追い払うわけではない。太陽が恒星であるということを知識として知ってはいても、マルコ・ポーロの時代同様、太陽が昇る姿を私たちが見るのは慣用句的比喩を通じてであり、こうした慣用句をはるか昔から（いずれにせよ、コペルニクス以前より）育んできた言語は、私たちの物の見方の仕組みまでをも形作ってきたように思える。

形作る？

電撃療法による「解剖的切断」を受けることを余儀なくされた数年を経て、無造作な神々によって即興的に作られた身体という遺産を拒否することに全人生を捧げた後、アントナン・アルトーは、こんなことを書いている。演劇は「炎と本物の肉が混じり合う坩堝《るつぼ》であり、そこでは、解剖学的に、骨や手足、音節を踏みつけることで、身体が作り直されるのであり、そうして、身体の創造という神話的行為が物理的かつ自然に行われるのである」。

文楽の一座は一体化するわけではない。むしろ一つの身体を形作ると言ったほうが正確だ。もちろん、それはアルトーの悪魔祓いにも似たやり方とは違う。文楽における身体は、人形のうちに収まるものではない。人形の身体は常に他の身体によって溢れかえり、乗り換えられていくし、その逆もある。輪郭は揺らぎ、いくつものズレが生じ、幾重にも折り重なり、それぞれの動きは同調を欠くため、永続的な形態が保たれることはない。けれど、まさにこの作用によって、（三味線の「サワリ」を思わせる）機械的な意味において、別の何かがあちこちに出現するのだ。そしてこの別な何か、巨大な何かは、生い茂っていく（まさにクローデルが指摘した通りである）。この別な何かは、動物というよりむしろ植物的なものである（ここで思い起こされるのは、フランシス・ポンジュ〔フランスの詩人、一八九九―一九八八年〕の言葉だ。彼は、花は「頭を持たない」と言った）。頭を持たないこのような存在が優勢になることは決してないし、そんなことは起こり得ない。なぜなら、頭を持たない存在は、どこか奥深いところから、あるいは存在の襞から生じるものだから。絵画の色彩のように、この何かは循環し、きらめき、蛇行し、一時的に姿をくらましてはまた表面に浮きあがってくる。介在的な存在なのだ。

文楽におけるこれらの身体は、人物の形をとって舞台に現れるものというよりむしろ、ジル・ドゥルーズがフランシス・ベーコンの作品を評して言う「絶対的形象」に近いものを持つ。この「絶対的形象」とは、「感覚に直接働きかける感覚的形態」なのだ。それは、すぐさま発動し、脳であれこれ考える暇も与えず、まるで電気ショックのように、神経に直接作用する。(『夏祭《なつまつり》浪花鑑《なにわかがみ》』の)義平次が殺される場面の間ずっと私を襲ったすすり泣きの発作はこのようにしか説明できない)。(殺戮、斬首、磔刑、虐殺といった)暴力場面に圧倒されてしまうということはある。だがドゥルーズは、二種類の暴力を区別せよと言う。

「(世間を驚かせるものや紋切り型など)表象されたものの暴力に対立するものとして、感覚の暴力がある。感覚の暴力は、神経系に直接働きかけ、神経系の様々な段階を経由し、様々な領域を通り抜ける。それ自体が絶対的形象であり、形象化された事物の性質からは何の影響も受けない。アルトーにおいてと同様、残酷さは、一般に信じられているものではなく、表象されているものからますます遠ざかるのである。」

「間《ま》」という言葉と根本的に関連づけられるもの、それは(音楽においても、言葉においても)二つのものの間の隔たり、間隔、二つの音の間、そして休止という考え。連続と切り離すことができない「間」は、「結び合わせながらも切り離す」。だからこそ「間」を定義することが難しいのだ、とオギュスタン・ベルクは言う。木村敏によれば、「間」の「位置を特定する」ことはできない。武満徹によれば、「間」は「定量化できない」。「間」のありかたは、全体の中に占める広がりや位置によって変化する。「広がりと位置はどちらも、ある一定のリズムによって導かれ、ある一定のリズムを作り出す」。

「間隔」というよりむしろ「晴れ間」と呼ぶべきなのだろうか。つまり、お天気について言う「晴れ間」ということだ。木村敏は次の点を強調する。つまり、「間《ま》」は、「音の広がり」として捉えるべきではなく、方向性として捉えるべきなのである。〔木村敏の著作の中で引用されている〕武満徹は、「間《ま》という定量化できない力学的に緊張した無音の形而上的持続」〔木村敏『あいだ』ちくま学芸文庫、二〇〇五年、六二頁〕について語っている。

幕と幕の間には何が起こっているのか。身体間に何が起きているのか。舞台の端から端まで展開される影、響き、移動、交換から生じるズレ、離脱、混沌とした効果、これらすべてがリズムを生み出す。そのために、舞台という網の目に捉えられ、かきまぜられるのは、すべての意味や方向性であり、筋肉、肺、頭なのだ。こうは言っても、私は芝居の筋書きに関心がないというわけではない（日本人の友人たちは、私に対する配慮から、私が内容をよく理解したかどうかいつも訊いてくれる)。そうではなくて、私を劇場へと連れ戻し、座席に座らせ釘付けにする何か別のものがあるのだ。分割することができないものが持つ宿命からリズムが解き放ってくれる。リズムは、ドゥルーズによれば、感覚、「生命に不可欠のこの力」の別名であり、この力は感覚機能を飛び越えて迫ってくる。文楽においては、誰一人演じている人はいないのにもかかわらず、そこではすべてが演じられているという現象が起きている。これはちょうど、フランシス・ベーコンの三幅対の絵画を満たす分離した身体にも似ている（ギュヨタにおける身体、輪切りにされ、噛み直され、リサイクルされた身体に近いとも言えようか）。ベーコンの絵画を満たす分離した身体は、語りの論理、有機体の論理の向こう側、あるいはその手前へと連れ去られてしまうのだ。その原動力となるのがリズム、つまり動きであり、それは線状のものというよりむしろ循環的なものである。文楽の舞台も三枚続きの絵のようなものだが、その組織は渦を巻き、そこにはすべてを統合する力が働き、ドゥルーズがベーコンの絵画に見る「何か一つに還元することが不可能な総合的性質の感覚」、つまりリズムが認められるのである。

「間《ま》」とは、「隙間（空白、沈黙、中止、休止）とズレを合わせたものである。（ズレは隙間を意味的に埋め合わせる。厳密な規則性によってそこに当然当てはまると思われるもので空白を埋めるのだ。そればかりでなく、ズレによって、無限の可能性もまた生まれる。というのも、隙間に対して何を加えるのも自由だから）」。これはオギュスタン・ベルクによる〔著書『空間の日本文化』

に見られる〕定義である。剣持武彦〔の著作『「間」の日本文化』朝文社、一九九二年〕によれば、「間」はルビによって創り出される二重構造にもまた見られるという。あまり使われない漢字を読む手助けとして、また、思いがけない読み方を示すものとしても用いられるルビは、それこそ「記号体系を揺るがす」ものである。そこでは、視覚的、聴覚的自動性をズラし、目地を詰め直すという二つの作業が同時に行われるのだ。ベルクは次のように述べる。「剣持はこの点については触れていないが、このような変調を意図的に行うことで、自動作業においては使うことがないような頸部の動きが促されるのである」。こうして私たちは、親しい領域に再び戻って来る。出発点に戻るのだ。「首振り芝居」というあの出発点に。

文楽においては、舞台を見ると同時に耳から音が入ってくる。音を聴くと同時に舞台を見る。(舞台に何も見えないときでさえ音は常に耳に入ってくる。人形について太夫は語りの中でこんなふうに言う。「面にあらわれし驚愕の色に出ずる胸のうち」とか「両の眼は怒りにらんらんと輝き」とか)。耳から入ってくるか、目から入ってくるか、それはあまり問題ではない。それらの刺激が、脳にうまい具合に流れ込めばそれでいい。文楽においてはすべてが整えられていて、人物が動き、心を動かすのを常に間近に感じずにはいられない。目が耳の中に潜り込み、(ときには過激なやり方で)入り込む(エイゼンシュテインは「音を見る」と述べた)。あるいは目の中に耳が入り込む(「光を聞く」)ということさえ起きる。このようにすべてをひっくり返すことが可能となるには、感覚の一つ一つをそれぞれの領域内で提示し、そこから新たな自由を行使するようにするしかない。こうしてそれぞれの感覚が新たに対峙し、対等の役割を果たすようになる。そうなると、有機体としての宿命は転覆させられ、身体がそれまで強いられていた序列は砕け散る。それは、一時の輝きを見せるにとどまらず、再配置を引き起こす。そして、これはリズムによって行われるのだと詩人ミショーならば付け加えたことだろう。

木村敏は「あいだ」(「個人と個人との出会いに関する原則としてのあいだ」)の性質について説明しようとする。(ちなみに彼は、「間《ま》」という古い言い回しと、「あいだ」という語が同じ漢字で書かれることを利用して、この二つの語をうまく行き来しながら分析を行っている)。そのためにヨーロッパのオーケストラの編成を例にとり、同じ楽曲には三種類の演奏方法があるとする。第一はメトロノームを用いたもの、第二は指揮者に導かれるもの、第三は、何にも導かれることがないもの。当然のことながら、第三の場合こそが理想的な「仮想空間」となり、そこでこそ、音楽が自然に流れるアンサンブルが生じ、「あいだ」が出現する。じつに興味深いことに、ここで木村敏が日本的音楽の構成原理を再発見するにあたっては、西洋のオーケストラを、超越的存在、その頭とも言うべき指揮者から解放することが必要であったのだ。

ドゥルーズがベーコンの絵画について「諸感覚のリズム的統一」を認める以前に、劇場でこの

「諸感覚のリズム的統一」を予感した人物、それがエイゼンシュテインであった。これは、ドゥルーズが「多面的感受性に富む絶対的形象」と呼ぶもの、つまり、全面的かつ未分化の感覚、〔異なる感覚間の連合としての〕共感覚に近いものだが、エイゼンシュテインは歌舞伎のモスクワ公演を見た後、この共感覚が映画にも取り入れられるべきだとして、次のように述べた。「自らのうちに新たな感覚機能を引き入れ、視覚と聴覚を一つにする能力を開発しなければならない」と。このときエイゼンシュテインが見た歌舞伎の演目『仮名手本忠臣蔵』は文楽版ときわめて近いものだが、通常は従属の法則に従えられる様々な要素がそこでは奇妙な共存を見せている。「音、動き、空間、声は日本人においては、いずれかが主役となり、いずれかが脇役に甘んじるという関係ではなく（並列に並べられるのでもなく）、どれも対等の意味を持つ要素として扱われる」〔とエイゼンシュテインは述べる〕。

　つまりそこには「一元論的全体」が現れるのであり、感覚列島ではすべてが、万物照応の効果によって命を宿す。（暗闇は舞台袖で演奏される太鼓の音で表され、三味線の高音が高速で掻き鳴らされて殺人の狂気が表現される。太夫の沈黙は死が迫っていることを示す）。こうした万物照応が観客に強い衝撃を与えるのだとエイゼンシュテインは繰り返し強調する。「まるで神経が今にも張り裂けるかのようだ」。人が切られる場面で笛の鋭い音が響いたことについてのコメントは次のようなものだ。「ビリヤードのキューが、見事に計算された位置で頭に振り下ろされた」。「間」という語が、エイゼンシュテインのモンタージュの連鎖において目一杯のテンポで用いられる。空気、といっても鋭い空気、風かもしれないものが、外側から、大気圏から吹いてきて舞台上を吹き荒れる。その風は、幕と幕の間、所作と所作の間に入り込む。そのため、それぞれの幕、所作は、重心を失い、輪舞のようなものを踊り、展開の方向を再調整することになる。文楽の幕や所作の一つ一つが語る物語はたしかに時間の中で進行し、いくつもの空間を通じて展開されるけれども、文楽はありきたりの次元では満足しない。それぞれの要素が束の間絡み合って生まれた、数多くの様々な開口部や隙間で、私たちは、分析的なやり方で見たり聞いたりするのではなく、ただ感覚に身を任せている自分の姿に不意に気付いて驚く。これこそ、エイゼンシュテインが〔『戦艦ポチョムキン』において〕オデッサの階段のパニック場面〔銃撃を受けた母親の手から離れた乳母車がオデッサの階段を転げ落ちる場面〕によって意図したものであった。

突然、私の心にあるイメージが浮かぶ。このイメージのおかげで、何かに近付き、それをつかみ取るとまではいかないまでも、触れることができるような気がする。そう、文楽は布地の演劇なのだ。竹本義太夫は、浄瑠璃とは何かを描写するにあたり、一六八七年の時点で縫物の比喩を使っていたのではなかったか。絹、絹綾織物、綿織物、刺繡を施したもの、空気のように軽い素材、これらのものは解剖学的な形態をとらない。そうではなくて、中身が空ろな人形の周囲に整えられ、集められ、浮遊して、柔軟さや固さを喚起して、無数の姿態を歌いあげる。三人の人形遣いは黒い衣装を身に付ける、あるいはそのうち一人だけが顔を出す。いずれにせよ、ここに織物の対話が始まる。巨大な布がまるで命を得たかのように動き出し、震え、広がり、収縮し、あらゆる方向へと進み、常に中心点がズレていく。舞台上の巨大な布は、際限なく包み込む（人形は舞台上で服を脱ぐし、着替えの場面も多い）。別の場所ではまた広がり、皺になり、破れ、また元に戻る。まるで木の葉のように流動的でフラクタルな表面、表皮の組織にも似ているし、無限に表情を変えていく日本の都市を構成する組織のようでもある。ちょうど建築家芦原義信の言う「アメーバ都市」（『隠れた秩序　二一世紀の都市に向かって』中公文庫、一九八九年）を思わせる。布地を表す語 tissu が「組織」という意味も持つというだけの理由から、「アメーバ都市」という落ちを思い付いたわけではない。演劇の生成は都市の生成とも結び付いている（そのことをジュネはよく知っていて、演劇を都市に根付かせたのだった）。これに加えて、建物の記念碑的性格が変化に抵抗するものであることを考えるなら、「アメーバ都市」という表現には、この点についての鮮烈で斬新な光明をもたらしてくれる何かがある。ヨーロッパの古典主義とその残滓が石と身体のうちに発展させた歴史記念建造物とそれに類するものについて現代において告発を行っている人たちの一人がたとえばバタイユであり、雑誌『ドキュマン』に書いた記事のなかで「建築物という牢獄」と非難している。とりわけアルトーの場合は、そのほとんどのテクストにおいて、神学と科学によって構築され封印された肉体から抜け出るようにと人々に呼びかけ、「魂の記念建造物化」の一切を振り払い、演劇によって、「新しくて脈打つ組織、あっという間に手をすり抜けていく組織」を我がものとするよう訴えかけていたではないか。

〔『ひらかな盛衰記』の〕遊女梅ケ枝《うめがえ》とこれを取り巻く人たちが、ゆっくりと舞台を横切る。これでもう四度目だ（何度見ても見飽きることはない）、そしてこれが最後だ（いつかは区切りをつけなければならない）。今舞台中央にいる梅ケ枝は、くるりと回って観客に背を向け待つこと少し。続いて、振り返って私たち観客に顔を見せて、極彩色の着物のほとんど襞のない布地を目いっぱい広げて見せる。複雑なこのアクロバット的動き（全体の回転に合わせて、左遣いが主遣いの役割を引き継いで、右手も遣う）、それ自体はよくあるものだ。ただし、この場面のハイライト、首をねじってこちらをじっと見る「見返り美人」のポーズは、日本画の伝統においてのみならず仏教美術においても長い歴史を持つ。京都の永観堂にある見返り阿弥陀如来像の顔を見るには、像の周りを一回りする必要がある。霊験談によれば、一〇八二年の朝、永観が一心に祈っていると、阿弥陀如来像が祭壇から降り、永観の前までやって来たという。びっくり仰天した永観は動くこともできなかった。奇蹟的なことに、阿弥陀如来像は顔を永観の方へ向け、ついて来るようにと指示したのだという。見返り阿弥陀如来像は、その瞬間の名残をとどめたもので、そのとき、像が動き出し、人間である永観が石に変わったのだ。見つめている者と見られる物（見られているほうが今度は見つめる側になる。ボードレール〔フランスの詩人、一八二一―六七年〕の「通りすがりの女」のように）が、かつてこれほどまでに通じ合ったことがあったろうか。今日、永観堂の庭には雨が降っている。植物の匂いが立ちこめ、埃を雨が湿らせていく。私は、暗闇に沈み込んでいる見返り阿弥陀如来像の周りを一回りする。まず横顔が暗闇から浮かびあがってくる。黄金の横顔は皮肉な表情を見せている。次に見えてくるのが正面で、閨房の内で天窓の光に照らされている。続いてまた横顔。そしてまた正面と、もう一度この像の周りを一回りしていると、もう一つ別の像が頭に浮かんだ。京都からそれほど遠くない奈良の興福寺の阿修羅像だ。一つの頭に三つの顔を持ち、三対の腕を持つこの像は、青銅の二本の足ですっくと立っている。

私は永観堂を出て、町へと再び降りていく。

クライストは、人形の持つ「反重力的」優美さに着目し、人形は「地面をわずかにかすめるだけで、地面から新たな活力を得た四肢は空中へと舞いあがる」と言う〔『マリオネット芝居について』〕。

五月のある土曜日、私たちは鳥越神社に集まることになっていた。(早朝のため)通りはひっそりと静まりかえり、まだ眠りの中にあるかのようだ。私はやっと会場に辿りついた。今年はここで、義太夫語りと三味線の愛好家たちの発表会が開かれるのだ。入り口に十足ほど靴がそろえて置いてある他は、特別なイベントが行われる日であることを示すものは何もない。急な階段を上り、長い廊下を渡り、大広間に向かう。大広間にはもうすっかり朝日が差し込んでいる。そこかしこでささやき声が聞こえ、さりげない挨拶が交わされ、微笑みと、言葉のない仕草が交わされている。発表会はもう始まっていて（夕方まで続く）、私は腰を下ろし、舞台間近の座布団に座って自分の番を待つ。まばらではあるけれど瞑想しているかのようにじっと耳を傾けている観客に混じって。ちょうど一つの演目が終わったところだ。文楽で用いられる出語り床の盆廻しが臨時にしつらえられていて、拍子木が二回打ち鳴らされるのを合図に、この盆廻しがくるりと廻って、お辞儀をしている男性が姿を消すのと入れ替わりに、床本を高く掲げた女性が登場する。ちょうどその時、越孝《こしこう》先生が舞台袖から出てきて合図をしてくれ、私はちょっと奥まった部屋の薄暗がりの中に入る。そこにはもう三寿々《さんすず》もいるし、その他にも大勢の人、着付け役の女性たち、着付けを済ませた出演者たちがいて、ひっそりと、しかも上機嫌に、忙しくしている。すぐに私の番となり、一五分もしないうちに、頭のてっぺんから足の先まで、新しい皮をまとわされる（と言っても、その皮は一枚ではなく、何枚もの皮が重なったもので、太夫の衣装というのは、それほどまでに何層にもなっていて、まるで一つの建築物を思わせる。だから太夫の装束を身にまとうと、まるで女像柱にでもなった気がする）。私は部屋を横切る。布を結えられて、少し固くなって、肩衣が幾重にも広がっているさまは、肩幅が何倍にもなった感じがして本当におかしい。巨大な袖は、〔空中を飛行したという古代の〕翼手竜を思わせるし、着物のお化けみたいなぶかぶかの袴に足をとられ、何メートルもの帯にぐるぐる巻きにされる。二股に分かれたきつい足袋を履かされて、私は盆廻しに向かう。いったいどんな酔狂によってこんなことになったのか。その時私は初めて知ったのだが、盆廻しは、かつてと同じやり方で、二人の人間の手によって回転させられるのだ。ちょうど近東における地下都市において、入り口を塞ぐ重い石輪を回転させていたのと同じやり方だ。突然の揺れに突き動かされるようにして、二人の男が立ち上がり、白い手袋をはめて、次の回転に備える。彼らが準備を整えていく様子を私は見つめる。彼らは私以上に集中しているように見える。二重の扉が私を外部から隔てているという思いを私はどうしても振り払うことができない。扉の外にいる私はまさに「門外漢」だ。「人間国宝」竹本駒之助がそこに控えている。暗闇の中に座り、戸口を見張っている。私はその前に頭を下げる、恭しく。だが、現在の演目が終わりに近付いてきたため、私は盆廻しの上に乗って、見台の前に座り、三寿々の横にスタンバイするようにと促される。拍子木が打ち鳴らされ、「東西」の声がして、床が揺れる、東から西へと。そして、すべての結び目を解き放って、私がそれまで座っていた位置、私の場所から私を引きはがす。またたく間に、私は丸裸にされる。

「文楽における声の概念は限定的である。声を抹殺するまではいかないにしても、文楽が声に与える機能はきわめて限られ、基本的には卑俗なものだ。実際、太夫の声として発されるのは、激しく荒れ狂う声、震える声、女性の甲高い声、途切れ途切れの調子、涙、爆発する怒り、嘆き、哀願、驚き、慎みをかなぐり捨てた強い感情など。情動があらゆるやり方で料理され、露わにされた身体の内側、内臓で練りあげられて、喉頭の筋肉を媒介として外に押し出される。ただし、声の氾濫は、氾濫という規範の下でのみ機能する。声は、嵐の断続的なしるしを通してしか動かない。動きを止めた身体から押し出される声、衣服によって三角形にされた声、見台から自身を導いてくれる床本に結えられた声、わずかにずらされた（それゆえ間の悪い）タイミングで釘を打つようにそっけなく打ち込まれる三味線の音に伴われた声、文楽の声は、床本に書かれたままでそこにとどまり、断続的で、コード化され、皮肉に従えられている（ここで言う皮肉からは、「辛辣な」という意味を一切取り払ってもらいたい）。つまり、文楽において声が外面化するもの、それは結局、声によって伝えられるもの（たとえば「種々の感情」）ではなく、声そのものであり、声が身を投げ出すのだ。声が巧みにやってみせるのは、手袋のように自らの姿をくるりとひっくり返すことだけ。」〔ロラン・バルト『記号の国』〕

他者に言葉を委ねるとき、私たちは誰になるのだろう。

それまで怖いものなしだった西洋の声は、こうして、〔文楽の声という〕正反対の力によってひっくり返される。借り物のような衣装の居心地の悪さを感じていた私は今やっと、その本質を目にする。刺状の隆起、表面の起伏は内側の傾斜、空洞を覆っていたのだ。変装（モンテーニュが当初意図し、その後用法を広めたもの、つまり「他人の、まったくの他者の衣服を着ること」という意味での変装）は、仮面舞踏会とは違う。仮面舞踏会なら（いくつかの外観を重ね合わせるだけなら）、すべての外観を取り払いさえすれば、統一的な主体が再び確立される、あるいは、あるジャンルの信頼性が回復されるだろう。だが変装は、内奥と心室の言語、洞窟の芸術なのだ。文楽における変装は、人目を忍ぶためのものではなく、自らの姿を自らに明らかにするためのものだ。非物質的で無機質な静けさを湛える能面についても、同じことが言える。歌舞伎における不気味なほど造り込んだ化粧も、女形に要求される厳密な所作についても同様だ。太夫の声、岩のようにごつごつした声にしてもそうだ。とりわけ越孝先生の声は、まさに拍車、深淵そのものだ。けれど、声がめくれあがり（皮肉な表現ではあるが）、卑しい行いがなされる場所（ロラン・バルトによれば「情動が料理される場」、つまり、ヒステリーの中心地）を露わにするというイメージはあまりに浅薄だ。いずれにせよ、太夫の声という現象の描写にはふさわしくない。なぜなら、そのようなイメージは結局〔西洋流の〕二元論を前提としているからだ。文楽の声は卑俗で、西洋の声は高貴だというのか。義太夫節は、あまりにも安易に「脇に置」かれて、限られた領域に押し込められ、（これは個人的仮説だが）たとえば「美しい歌唱《ベルカント》」の支配の対極にあるものとされてしまう。ベルカントとは正反対のもの、そうかもしれない。だがそこには階級支配的隔たりがある。太夫の声は、ルイス・フロイスがかつて耳にした声同様、まったく異質な土地の声、正反対の世界の声として片付けられてしまう。

けれど今この瞬間、君の口から出る声は何だ。何かが、戻って来ているところなのではないか。声についての慣用表現を使うなら、何かが耳をつんざくのではないか。顔を見ればヨーロッパ人であることが一目で分かる君が今出しているその声、君の体内から絞り出されているその声は、それまで受けてきた教育が邪魔してこれまで出すことができなかった雄叫びではないのか。その声をイメージすることができず、その音楽の奇妙だけれども親しみのある音を捉えるのがやっとだったその声が、今この床の上で、生み出されようとしているのではないか。衝立を背にして床に登場した瞬間、君は普段君の存在を支配している通常の座標から逃れることができたのではないか。そして、まったく別の空間が君を捕らえたのではないか。たとえばオギュスタン・ベルクの言う「ほとんど二次元的な空間」が君を捕らえ、その空間では「非物質的形象が満載で、表が常に裏と不可分になっている」。オギュスタン・ベルクにならって君もまた考える。舞台の外の世界では表と裏の対立が際立つのとは裏腹に、表と裏という二つの極が表裏一体となることが今でも可能となる場所の一つが舞台なのだと。君は知っている。演劇が変身の空間であることを(人間が動物に、動物が人間にと、見る間に変身する場面は数えきれない)。それればかりではない、演劇は、限りない反転の空間でもある。それは変身の場面ほどの派手さはないものの、変身の場面以上に心を惑わせる。そこで君は、他の場所では正反対のものとして生きられている諸原則が事物の表面に押しあげられ、うごめいているのを目にする。命とすれすれのところに死が顔をのぞかせ、目に見えるものが見えないものの際にある。異質なものの中に親しいものが、男の中に女の姿が見える。存在と不在がきらめき、分かちがたく結び付く。性別区分の厳格な社会において、そして、やはり性別区分の厳格な古典劇において、君が今感じているのは、感謝という言葉ではとても表し得ない。君のために一人の女性が切り開いてくれた道を、その女性の後について歩き、侍の道、目もくらむような道を歩くことで得られる激しい喜び。そして、今度は君が、その女性が君に引き渡してくれたすべてのものを通じて、男性的なものの模範、男性的力の極致とも言うべきものを君自身が表現することで激しい喜びを味わうのだ。

床が再び動く。にぶく軋む音がして、床の不規則な回転が間もなく終わる。歌の残響のようなものが聞こえ、身体の中がまだ揺さぶられているような気がする。衣装部屋に戻り帯を解く。ぐるぐる巻きにして下腹をぴったり包んでいた帯を解いていくと、ああ手術が終わって包帯を外しているんだという気分になる。それから遊び半分に、自分の身体を回転させて、着替えのスピードを上げていると、かつて別のオリエントで見たイスラム教修道僧の姿が思い浮かぶ。彼らがうつむき加減に、地表を風のごとくに回転するのを見て心を動かされた昔の記憶が蘇る。

床が動く。これまでの自分に戻ることはもはや不可能だ。記憶には、他者とぶつかって生まれた「君」が残っている。そのくぼみに、この「君」は私たちを押しやって、そこから、私と「君」は二人称で会話することが突如できるようになる。クリス・マルケルの言うように「異国にやってきた気分」だ。だが、国を離れるという意味を持つ否定的な接頭辞に惑わされてはならない。人が異国にやってきた気分を感じるのは、また祖国に戻るという条件があってのことなのだから（「また祖国に戻る」という語には、「改修する」や「棟を修理する」と同じ接頭辞が用いられる）。

差異によって私たちは、民族としての豊かさを獲得する。

床が動く。もう一つの側に行くことはこんなに簡単なことだったのか。ドゥルーズが書いているように（いや三島だったかな、あるいは、ヴァレリーだったか……）、境界線をたどり、表面をかすめればそれで充分なのだ。そして、確かめればいいだけの話。「表と裏の継続性があらゆる階層の深さに置き換わっている」ことを。世界の表皮を滑っていけばそれで充分なのだ。それこそが何よりも深遠なものなのだから。

東京にて、二〇〇九年三月―二〇一〇年四月

謝辞

この本を作るにあたって協力を惜しまなかった秋山伸子と島田郁代に特別の感謝を捧げたい。お二人のお力添えなくしては、この本はこのような形にはならなかったかもしれない。

根岸徹郎にも貴重なお力添えをいただいたことに感謝したい。

パトリック・ドゥヴォス、原和之、ジャック・レヴィ、マクシム・ピエール、ラファエル・サン＝レミ、アレン・S・ワイスからいただいたコメント、批評、示唆によって、この本はより豊かなものとなったことをここに記して謝意を表したい。

ニコル・ドゥブラン、マルグリット・ドマルヌ、アニエス・ディソン、オディール・デュスッド、クリスティーヌ・フェレ、ミカエル・フェリエ、クリスティーヌ・レヴィ、テレーズ＝マリ・マエ、ティエリー・マレ、ダヴィッド・マルシラシ、アンヌ・モンタロン、アンヌ・ロッシュ、シャンタル・トマ、エマニュエル・ワロンに対しては、草稿段階での読者として示してくれた温かい友情に感謝したい。

この本がこうして形になるまでには他にも多くの方のお力をお借りした。中條忍、藤井慎太郎、細貝健司、伊藤洋、伊澤陽子、ミシェル・ジャック、笠羽映子、児玉竜一、櫻井弘、豊竹呂勢大夫、シモン・トゥシェ、内山美樹子、吉田和生、エストレリータ・ワッセルマンにも厚く御礼申し上げたい。

そして、盟友安藤俊次に微笑みを。

訳者あとがき

著者フランソワ・ビゼ氏は、二〇〇四年、青山学院大学文学部フランス文学科の特任教授として来日し、文楽と出会った。文楽のみならず女義太夫にも親しみ、自ら義太夫節を習うほどの情熱は、これまでにない刺激的な文楽論を生み出すことになる。私は大学の同僚としてビゼ氏と接していながら、彼が文楽の魅力にとりつかれていたことをずっと知らないでいた。ジョルジュ・バタイユについての著作もある方で、随分難解なフランス現代哲学を専門とされていることでもあるし、私とはあまり接点がないなどと勝手に決め込んで、なんとなく敬遠していた。数年前のこと、文楽の床本の一節をフランス語に翻訳してくれないかとビゼ氏から頼まれたときには、どうして私に？　と正直なところ驚いた。まさかこれほど豊かな文楽論が生まれつつあるとは思いもよらなかったのだ。私自身文楽と出会ったのは、職場を東京に移してからのことで、最初は日本を訪れたフランス人のお伴をして出かけたのだが、演出家として活躍しているその友人がしきりに太夫のほうを振り返り、興味津々といった様子で注視していたことが今さらながら思い起こされる。それ以来私も時々は文楽の舞台に親しむようになったのだが、プログラムに挟み込まれた床本の文字を追いながら舞台に目をやり、太夫の語りに耳を傾けるだけで精一杯だった。

ところが、本書を読んで私はこれまでの乏しい断片的な観劇体験にはこんな意味があったのかとハッとさせられる思いをした。一七世紀フランス古典劇を専門として研究するうちに西洋的演劇観を基準に判断することが当たり前のようになり、「舞台の外で展開した過去のある場面をまるで今ここで見ているかのごとくまざまざと提示する「語り」こそ、フランス古典悲劇が得意としたところであった」など得々と述べてきた私にとって、ビゼ氏の指摘は衝撃的だった。ビゼ氏は言う。西洋的演劇観においては「見せる」ことに主眼が置かれてきたのに対し、文楽においては「聞きどころ」がむしろ前面に押し出されるのである。実際、声に対する考察が本書の中心主題の一つとなっていて、各自が別々のパートを歌いつつも調和しているように聞こえるのが、日本の会話の特徴であり、それが文楽の舞台にも反映されているのではないかとし、歌と話し言葉の中間にあるように思える義太夫節に、現代西洋音楽が求めてやまない、音楽の新たな可能性があるのではないかとまで言う。文楽には、ドゥルーズの言う「感覚の暴力」、感覚に直接働きかける力があるのではないかとして、ドゥルーズがフランシス・ベーコンの絵画に見たようなリズム、それこそが文楽の舞台から聞こえてくるのだという。

ビゼ氏はさらに言う。他者との関係によって規定される日本的主体の特徴が、空虚な中心を包み込む布地の集積とも見える人形として文楽の舞台に現れているのではないか。日本の主体は、たゆたう布地のように自在に姿を変えることができ、様々な音がぶつかり合う「共鳴」の空間を求めているのではないか。そういう意味で、視覚ばかりに頼り全体を部分に分割して分析を進めていく西洋的なものの見方とは違うあり方、つまり、視覚と聴覚のバランスをとり、一見バラバラであるかに見える断片が一つの集まりを作り、自在に形を変えていく、それが日本的なものの見方の特徴ではないか。また、人形遣いのうち主遣いだけが素顔を晒して舞台に登場するのはなぜか、そんな素朴な疑問までも、考察のきっかけとなり、ビゼ氏は、人形遣いの素顔と人形の顔の間に、生身の肉体と仮面という解決不能の緊張関係を見て、その二つの間で引き裂かれることこそ、文楽の本質であり、日本文化の特徴ではないかとまで言う。西洋において「真実」が裸体として描かれることに見られるように、不純なものを取り去ることで真実に到達しようとするのが西洋のやり方であるとするならば、日本のやり方は、あえて異質なものを混入することでその度に新しく生まれる「調和」を目指すのではないか。こんな具合に、文楽についての話がいつしか日仏比較文化論へと発展していき、現代音楽や美術、映画の美意識と結び付き、「表皮こそが何よりも深遠なのだ」という現代哲学へと繋がっていく。めくるめく展開に読者である私はただ翻弄されるばかり。

ところで二〇一五年はロラン・バルト生誕百周年でもあり、谷崎潤一郎歿後五〇年でもあったが、本書においてこの二人の作家もまた大きな役割を果たしている。

二〇一五年にはロラン・バルト生誕百年を記念するシンポジウムが世界各地で開かれ、

関連書籍が多く刊行されたが、バルト作品の魅力を感動的な筆致で紹介してくれる石川美子氏の『ロラン・バルト　言語を愛し恐れつづけた批評家』（中公新書、二〇一五年）でも、一九六六年に日本を初めて訪れたバルトが強い印象を受けて『記号の国』を執筆したことが語られている。その一節を借りるなら、文楽に出会ったバルトは「舞台が人形と人形遣いと太夫という三つに切り離されていることに驚」き、「それらの三つのエクリチュール」を「同時に読みとっている」観客に感銘を受ける。「バルトは、西欧演劇において役者が過度の演技で感情（魂）を押しつけることをつねに嫌悪していた。だが文楽の人形はそうではない。人間の身体を模倣して見せているのではなく、身体の観念というものを、はかなく、慎みぶかく、語っているのである」（『ロラン・バルト』、九一頁）という言葉通り、文楽の劇作術は、模倣《ミメーシス》に基づく西洋流のそれとは根本的に違う。太夫による語り、三味線の音、人形による動き、人形遣いの動きと分裂しているように見えて、俳優の肉体に依拠する演劇以上に「リアルな」舞台を生み出すのはなぜか、これこそ、ビゼ氏の著作の中心主題である。

谷崎潤一郎『蓼喰う虫』の一節の引用が冒頭に配された第二章「血みどろのものたち」は、本書の中でもとりわけ印象的な章だが、ビゼ氏は様々な演目に見られる「切断された身体への好み」に着目し、それが西洋的写実主義とは異質なものであることに注目する。切り落とされた娘の首が雛道具の隣に並べられて吉野川に流されるとき、それでもやはり娘の首は、たんなる人形の首に戻ることはなく、ついさっきまで悲恋の主人公を演じ、愛する男のために我が身を犠牲にしたあの登場人物のものであり続ける。つまり、観客の想像力によって舞台上の虚構が維持されるのである。また、切り落とされた腕、源氏の白旗を握りしめ守って死んだ娘がじつは平家の血を引く者であったという皮肉な状況は、まさにこの、切り落とされた腕によってより一層際立つのである。細部への眼差しが思いもかけぬ新たな地平を開いてくれる興奮に私たちは立ち会う。

本書はまた、一人の人間が異文化に触れることでそれまでの自分の殻を打ち破り新しい世界に生きる喜びを見出す物語としても読める。まっさらな気持ちで義太夫の世界に飛び込み弟子入りし、虚心坦懐に学ぼうとする著者の真摯な姿が行間から立ち昇り、私はいつしか著者に寄り添い、西洋的価値観からの解放感を味わう最後の場面のカタルシスを共有し、爽快感に満たされる。この感動は、読み返すごとに新たなものとなっていく。その一端なりとも伝えることができたら……、そんな気持ちが原動力となって翻訳を進めていった。

本書は、フランスの読者向けに書かれているため、日本語のローマ字表記上の問題についての注意書きや、「能」とは何か「見得」とは何かといった用語説明を伴っているが、そこは翻訳においては不必要とみなし、省略した。また、巻末注については、文楽の演目と初演年などの情報が中心であることから、読みやすさへの配慮から、本文中に組み込んだ。さらに、原書では、引用文についての出典は巻末にまとめて書誌の形で示されるのみだが、やはり読者の便宜を考えて、可能な限り本文中に出典を示すよう留意した。邦語文献以外の文献については、邦訳が存在するものについては、できるだけ既訳の表題を示すようにし、翻訳にあたって参照しつつも、ビゼ氏の引用の意図に沿った訳文となるよう配慮して翻訳した。お名前を挙げることはしなかったが、訳者の方々には、この場を借りて感謝申し上げる。

翻訳にあたっては、人形遣い吉田和生氏、女義太夫の太夫、竹本越孝氏、三味線の鶴澤三寿々氏から貴重なご助言の数々を頂戴し、翻訳に反映させていただいた。また、みすず書房の尾方邦雄氏との橋渡しをしてくださった、一橋大学大学院言語社会研究科教授鵜飼哲氏のご厚意に深く感謝申し上げる。この方々からの恩恵をどれほど受けたことか、どんなに言葉を尽くしても足りない思いである。

秋山伸子

二〇一六年一月

参照文献

本書の執筆にあたり以下の著作を参照した。アステリスク（＊）を付けた著作は少なくとも一度は引用したものである。特記したものを除いて刊行地はパリ、最初に示した年号は初刊の発行年である。

Abirached (Robert), *La Crise du personnage dans le théâtre moderne* (1978), « Tel », Gallimard, 1994*.

Adachi (Barbara C.), *The Barbara Curtis Adachi Bunraku Collection*, http://www.columbia.edu/cu/lweb/digital/collections/eastasian/bunraku/ (consulté le 13 février 2010).

Adachi (Barbara C.), *Backstage at Bunraku*, Weatherhill, New York-Tokyo, 1985*.

Anthologie du poème court japonais (édition de C. Atlan et Z. Bianu), « Poésie », Gallimard, 2002*.

Appia (Adolphe), « Comment réformer notre mise en scène » ; « Encore un mot sur la représentation japonaise » (1902), *Œuvres complètes*, vol. II, Éditions L'Âge d'homme, Lausanne, 1986.

Arasse (Daniel), *Le Détail. Pour une histoire rapprochée de la peinture* (1992), « Champs-Flammarion », Flammarion, 1996*.

Artaud (Antonin), « Lettre à Max Jacob » (octobre 1921)* ; *Le Pèse-nerfs* (1925)* ; « Sur le théâtre balinais », *Le Théâtre et son double* (1938)* ; « Je ne supporte pas l'anatomie humaine… » (1946)* ; « Aliéner l'acteur » (1947)* ; « Le théâtre et la science » (1947)*, *Œuvres* (édition d'Évelyne Grossman), « Quarto », Gallimard, 2004.

Banu (Georges), *L'acteur qui ne revient pas. Journées de théâtre au Japon,* « Folio-Essais », Gallimard, 1993*.

Barthes (Roland), *L'Empire des signes* (1970), *Œuvres complètes*, vol. III, Seuil, 2002*.

——, « Le bruissement de la langue » (1975), *Œuvres complètes*, vol. IV, Seuil, 2002*.

Bataille (Georges), « Architecture » (1929), *Œuvres complètes*, vol. I, Gallimard, 1970*.

Berque (Augustin), *Vivre l'espace au Japon*, « Espace et liberté », PUF, 1982*.

——, « J'en ai rêvé, c'était Tôkyô. Prémices d'un fantasme collectif (note critique) », *Annales, Histoire, sciences sociales*, vol. XLIX, nº 3, 1994, p. 585-593.

Biet (Christian) et Triau (Christophe), *Qu'est-ce que le théâtre ?*, « Folio-Essais », Gallimard, 2006*.

Boie (Bernhild), *L'Homme et ses simulacres. Essai sur le romantisme allemand*, Librairie José Corti, 1979.

Boulez (Pierre), « Dire, jouer, chanter (sur *Pierrot lunaire* et *Le Marteau sans maître*) » (1963),

Regards sur autrui. Points de repères II, Christian Bourgois, 2005*.

Bouvier (Nicolas), *Le Vide et le Plein. Carnets du Japon 1964-1970*, « Folio », Gallimard, 2009*.

Brecht (Bertolt), « Sur le théâtre chinois » (1935), trad. J.-L. Besson, G. Delfel et J. Tailleur, *Écrits sur le théâtre*, « Bibliothèque de la Pléiade », Gallimard, 2000.

Büchner (Georg), *Léonce et Léna* (1836), trad. M. Cadot, Garnier-Flammarion, 1997.

Chateaubriand (François-René de), *Itinéraire de Paris à Jérusalem* (1811), Garnier-Flammarion, 1995*.

Chikamatsu (Hanji), *Imoseyama ou l'Éducation des femmes*『妹背山婦女庭訓』(1771), trad. J. Sigée, « Connaissance de l'Orient », Gallimard, 2009*.

Chikamatsu (Monzaemon), *La Mort des amants à Sonezaki*『曾根崎心中』(1703), trad. Nakamura R. et R. de Ceccatty, in *Mille ans de littérature japonaise. Une anthologie du VIIIe au XVIIIe siècle*, vol. II, Éditions Philippe Picquier, Arles, 1998*.

——, *Tragédies bourgeoises* (1703-1724), trad. R. Sieffert, Publications orientalistes de France, Aurillac, 1991*.

——, *The Battles of Coxinga*『国姓爺合戦』(*Les Batailles de Coxinga*, 1715), trad. D. Keene, Cambridge University Press, London, 1971.

Cixous (Hélène) et Mnouchkine (Ariane), *Tambours sur la digue, sous forme de pièce ancienne pour marionnettes jouée par des acteurs*, Théâtre du Soleil, 1999 (Arte Vidéo, 2002).

Claudel (Paul), *Le Poëte et le shamisen* (1926), Édition de Michel Malicet, « Annales littéraires de l'université de Besançon », Les Belles Lettres, 1970*.

——, *L'Oiseau noir dans le soleil levant* (1929), *Œuvres en prose*, « Bibliothèque de la Pléiade », Gallimard, 1989*.

——, « Lettre à Tsunao Miyajima », préface à Miyajima (Tsunao), *Théâtre japonais de poupées*, Institut franco-japonais du Kansai, Kyoto, 1931*.

Coaldrake (A. Kimi), *Women's Gidayû, and the Japanese Theatre Tradition*, « Japanese Studies Series », Routledge, London-New York, 1997.

Contes d'Ise『伊勢物語』trad. G. Renondeau, « Connaissance de l'Orient », Gallimard-Unesco, 2002*.

Craig (Edward Gordon), *De l'art du théâtre*, trad. G. Séligmann-Lui, Éditions de la Nouvelle revue française, 1916*.

——, *Puppets and Poets, The Chapbook, A Monthly Miscellany*, n° 20, London, February 1921*.

Deleuze (Gilles), *Logique du sens*, « Critique », Éditions de Minuit, 1969*.

——, « Le temps musical » (1978), conférence à l'IRCAM, http://www.webdeleuze.com/php/texte.php?cle=109&groupe=Conf%E9rences&langue=1 (consulté le 24 septembre 2009)*.

——, « Spinoza », cours à l'université Paris VIII-Vincennes, 2 décembre 1980, http://www.univ-paris8.fr/deleuze/article.php3?id_article=91 (consulté le 3 janvier 2010)*.

——, *Francis Bacon. Logique de la sensation* (1981), « L'ordre philosophique », Seuil, 2002*.

Deleuze (Gilles) et Guattari (Félix), *Mille plateaux*, « Critique », Éditions de Minuit, 1980*.

Devaux (Pierre), « Remarques sur l'évolution musicale au Japon et en France au XVIIIe siècle », in *Diderot. Le XVIIIe siècle en Europe et au Japon*, Centre Kawai pour la culture et la pédagogie, Nagoya, 1988, p. 255-265.

De Vos (Patrick), « Danser après la bombe », *Europe*, n° 926-927, « Écrire l'extrême », juin-juillet 2006, p. 141-154*.

Diderot (Denis), *Le Fils naturel* (1757), Garnier-Flammarion, 2005*.

——, « Discours sur la poésie dramatique » (1758), *Écrits sur le théâtre, I. Le drame*, « Agora », Pocket, 1995*.

——, *Paradoxe sur le comédien* (1778), *Écrits sur le théâtre. II. L'acteur*, « Agora », Pocket, 1995*.

Dictionnaire de la civilisation japonaise, Hazan, 1994.

Dictionnaire historique du Japon, Publications de la Maison franco-japonaise, Tokyo, 1963.

Dit de la Demoiselle Jôruri『浄瑠璃姫物語』trad. R. Sieffert, Publications orientalistes de France, Aurillac, 1994.

Le Dit de Hôgen.『保元物語』*Le Dit de Heiji*『平治物語』trad. R. Sieffert, Publications orientalistes de France, Aurillac, 1976.

Le Dit des Heike『平家物語』trad. R. Sieffert, Publications orientalistes de France, Aurillac, 2002.

Doumet (Christian), *Japon vu de dos*, Fata Morgana, Fontfroide-le-Haut, 2007*.

Dunn (Charles J.), *The Early Japanese Puppet Drama*, Luzac & Company, London, 1966*.

Eisenstein (Sergueï), *Le Film, sa forme, son sens* (1928-1945), trad. A. Panigel, Éditions Christian Bourgois, 1970*.

——, « Hors cadre » (1929), trad. L. et J. Schnitzer, *Cahiers du cinéma*, n° 215, septembre 1969, p. 21-29*.

Féral (Josette), *Dresser un monument à l'éphémère. Rencontres avec Ariane Mnouchkine*, XYZ éditeurs, Montréal, 1995*.

Frédéric (Louis), *Le Japon. Dictionnaire et civilisation*, « Bouquins », Robert Laffont, 1996*.

Fukuoka (Yagoshiro), *Les Dits d'Ayame*『あやめぐさ』, trad. P. de Vos, *Musical*, n° 5, « Le kabuki », 1987, p. 116-125*.

R. P. Fróis (Luís), *Européens et Japonais. Traité sur les contradictions et différences de mœurs* (1585), Chandeigne, 2003*.

Gaudin (Claude), *La Marionnette et son théâtre. Le théâtre de Kleist et sa postérité*, « Æsthetica », Presses universitaires de Rennes, Rennes, 2007.

Genet (Jean), *Lettre à Jean-Jacques Pauvert* (1954)* ; *Le Funambule* (1957)* ; *Comment jouer « Les Bonnes »* (1962)*, *Théâtre complet*, « Bibliothèque de la Pléiade », Gallimard, 2002.

Genette (Gérard), *Métalepse*, « Poétique », Seuil, 2004*.

GIDE (André), *Prétextes*, Mercure de France, 1923*.

GERSTLE (Andrew), *Circles of Fantasy. Convention in the Plays of Chikamatsu*, Harvard University Press, Cambridge (Mass.)-London, 1986.

——, « The Concept of Tragedy in Japanese Drama », *Japan Review* nº 1, 1990, p. 49-72.

GODEL (Armen), *Le Maître de nô* (1989), « Espaces libres », Albin Michel, 2004*.

GOLDZINK (Jean), « Présentation », in DIDEROT (Denis), *Le Fils naturel*, Garnier-Flammarion, 2005, p. 7-36*.

Les Grands Maîtres du haïku : Bashô, Issa, Buson, Shiki, Taïgi, trad. C. Yuan et E. Sable, Éditions Dervy, 2003*.

GUYOTAT (Pierre), *Vivre* (1984), « Folio », Gallimard, 2003*.

——, *Progénitures*, Gallimard, 2000*.

——, *Explications*, Éditions Léo Scheer, 2000*.

——, *Coma*, « Traits et portraits », Mercure de France, 2006*.

Haïkus. Anthologie, trad. R. Munier, « Points-Poésie », Seuil, 2006*.

IBRAHIM (Abdürrechid), *Un Tatar au Japon, Voyage en Asie 1908-1910*, trad. F. Georgeon et I. Tandogan-Abel, Sindbad-Actes Sud, Arles, 2004.

IKAN (Hozumi), *Naniwa miyage* 『難 波 み や げ』 (1738), trad. M. Brownstein (« Souvenirs of Naniwa »), in SHIRANE (Haruo) (dir.), *Early Modern Japanese Literature, an Anthology 1600-1900*, Columbia University Press, New York, 2001, p. 347-351*.

The Japan Times, Tokyo (Tuesday, May 25, 2006 ; Wednesday, May 14, 2003)*.

KANT (Emmanuel), *Critique de la raison pure* (1771), trad. A. Tremesaygues et B. Pacaud, PUF, 1971*.

KATÔ (Shûichi), *Histoire de la littérature japonaise*, 『日 本 文 学 史 序 説』 trad. E. Dale Saunders, « Intertextes », Fayard, 1986*.

——, *Le Temps et l'espace dans la culture japonaise* 『日本文化における時間と空間』 (2007), trad. C. Sabouret, CNRS éditions, 2009*.

KAWATAKE (Toshio), *Chikamatsu Monzaemon*, Japanese National Commission for Unesco, Tokyo, 1974.

——, *Japan on Stage. Japanese Concepts of Beauty as Shown in the Traditional Theatre* (1982), trad. P. G. O'Neill, 3A Corporation, Tokyo, 1990.

——, *Kabuki, Baroque Fusion of Arts* (2001), trad. F. et J. Connel Hoff, LTCB International Library Trust, International House of Japan, Tokyo, 2003*.

KAWATAKE (Toshio) et INOURA (Yoshinobu), *The Traditional Theatre of Japan*, Weatherhill, New York-Tokyo, 1981.

KEENE (Donald), *Bunraku. The Art of Japanese Puppet Theatre*, Kodansha International Publishers, Tokyo, 1965*.

——, *The Battles of Coxinga. Chikamatsu's Puppet Play, Its Background and Importance*, Cambridge University Press, London, 1971*.

Keene (Donald), *Chûshingura. A Puppet Play*, Columbia University Press, New York-London, 1971.

Kimura (Bin), *L'Entre. Une approche phénoménologique de la schizophrénie*『あいだ』(1988), trad. C. Vincent, « Krisis », Éditions Jérôme Millon, Grenoble, 2000*.

Kipling (Rudyard), *Lettres du Japon* (1889), trad. L. Fabulet et A. Austin-Jackson, Elytis, Bordeaux, 2006*.

Kleist (Heinrich von), *Sur le théâtre de marionnettes* (1810), trad. J. Outin, Éditions Mille et une nuits, 1993*.

Kodama (Shôko), *The Complete Guide to Traditional Japanese Performing Arts*, trad. L. North, Kodansha, Tokyo, 2000.

Law (Jane Marie), *Puppets of Nostalgia. The Life, Death, and Rebirth of the Japanese Awaji Ningyô Tradition*, Princeton University Press, Princeton, 1997*.

Leggeri-Bauer (Estelle), « Les *Genji-e*, entre narration et poésie », in Murasaki Shikibu, *Le Dit du Genji*,『源氏物語』trad R. Sieffert, Éditions Diane de Selliers, 2007, p. 27-52.

Leiter (Samuel L.), *New Kabuki Encyclopedia*, Greenwood Press, Westport-London, 1997.

——, « From Gay to *Gei:* The *Onnagata* and the Creation of *Kabuki*'s Female Characters" », in *A Kabuki Reader. History and Performance*, M. E. Sharpe, Armonk (New York)-London, 2002, p. 211-229.

Leupp (Gary P.), *Male Colors. The Construction of Homosexuality in Tokugawa Japan*, University of California Press, Berkeley-Los Angeles, 1995*.

Lévi-Strauss (Claude), *Race et histoire* (1952), « Folio-Essais », Gallimard, 1987*.

Mandressi (Rafael), *Le Regard de l'anatomiste. Dissection et invention du corps en Occident*, « L'univers historique », Seuil, 2003.

Marker (Chris), *Le Dépays*, « Format/photo », Herscher, 1982*.

Marmontel (Jean-François), *Éléments de littérature* (1787), Desjonquères, 2005*.

McQueen Tokita (Alison) et Hugues (David W.), *The Ashgate Research Companion to Japanese Music*, « SOAS Musicology Series », Ashgate Publishing, Aldershot, 2008*.

Ménil (Alain), « Dossier », in Diderot (Denis), *Écrits sur le théâtre. II. L'acteur*, « Agora », Pocket, 1995, p. 5-57*.

Michaux (Henri), *Un barbare en Asie* (1933)* ; *Épreuves, exorcismes* (1945)*, *Œuvres complètes*, vol. I, « Bibliothèque de la Pléiade », Gallimard, 1998.

——, *Poteaux d'angle* (1981), *Œuvres complètes*, vol. II, « Bibliothèque de la Pléiade », Gallimard, 1998*.

Micciolo (Henri), « Introduction, notes et variantes à *L'Oiseau noir dans le soleil levant* de Paul Claudel », « Annales littéraires de l'université de Besançon », Les Belles Lettres, 1981.

MIKYUNG (Choi) et JUTTET (Jean-Noël), *Préface à « Histoire de Byon Gangsoé »*, Zulma, 2009*.

MISHIMA (Yukio), *Essais sur l'art*「藝術時評」(1954), traduit et cité par Watanabe (Ryo), « Le Japon de Barthes ou les limites de l'Occident », in FERRIER (Michaël) (dir.), *La Tentation de la France, la tentation du Japon. Regards croisés*, Éditions Philippe Picquier, Arles, 2003, p. 93-101*.

——, *Le Japon moderne et l'éthique samouraï* (1967), trad. É. Jean, « Arcades », Gallimard, 2003.

MIYAHARA (Akira), « Toward Theorizing Japanese Interpersonal Communication Competence from a Non-Western Perspective » (sans date), http://www.acjournal.org/holdings/vol3/Iss3/spec1/Miyahara.html (consulté le 2 janvier 2010).

MIYAJIMA (Tsunao), *Théâtre japonais de poupées*, Institut franco-japonais du Kansai, Kyoto, 1931.

NAKAGAWA (Hisayasu), *Introduction à la culture japonaise*, « Libelles », PUF, 2005*.

NAMIKI (Sôsuke), *Ichinotani futaba gunki*『一谷嫩軍記』(*La chronique de la bataille d'Ichinotani*, 1751), Osaka, Éditions du Bunraku kyokai, 1968*.

——, *Ichinotani futaba gunki* (*Chronicle of the Battle of Ichinotani*), in BRANDON (James R., trad.), *Kabuki: Five Classic Plays*, University of Hawai Press, Honolulu, 1992, p. 165-211*.

NANCY (Jean-Luc), *À l'écoute*, « La philosophie en effet », Galilée, 2002*.

——, « L'un des sexes », in LE MENS (Magali) (dir.), *L'Hermaphrodite de Nadar*, Créaphis éditions, 2009, p. 55-63.

OIDA (Yoshi), *L'Acteur invisible*, trad. I. Framchon, « Le temps du théâtre », Actes Sud, Arles, 1998*.

OLSON (David Norman), « Mikawa Bushi. The Flower of the Samurai » http://mikawabushi.net/index.html (mis en ligne en 2003, consulté le 17 juillet 2009*).

ORIGAS (Jean-Jacques) (dir.), *Dictionnaire de littérature japonaise*, « Quadrige », PUF, 1994*.

PIGEOT (Jacqueline), « Les études littéraires », in *Le Japon vu depuis la France. Les études japonaises en France* (Actes du colloque de 1979), Publications de la Maison franco-japonaise, Tokyo, 1981, p. 87-94.

——, *Michiyuki-bun. Poétique de l'itinéraire dans la littérature du Japon ancien*, Maisonneuve et Larose, 1982.

——, *Questions de poétique japonaise*, « Orientales », PUF, 1997*.

——, *Femmes galantes, femmes artistes dans le Japon ancien. XIe- XIIIe siècle*, « Bibliothèque des histoires », Gallimard, 2003.

——, « Figures classiques dans un nouveau contexte: le "*jôruri* ancien" *Shizuka Azuma-Kudari* », in *Éloge des sources. Reflets du Japon ancien et moderne*, Éditions Philippe Picquier, Arles, 2004, p. 447-471.

——, « Michiyuki-bun », http://www.flsh.unilim.fr/ditl/Fahey/MICHIYUKIBUN_n.html (consulté le 12 novembre 2009)*.

PINGUET (Maurice), *La Mort volontaire au Japon*, « Tel », Gallimard, 1984*.

PONGE (Francis), « L'opinion changée quant aux fleurs » (1925-1954), *Nouveau nouveau recueil*,

Œuvres complètes, « Bibliothèque de la Pléiade », Gallimard, 2002*.

Reider (Noriko T.), « The Appeal of *Kaidan*, Tales of the Strange », *Asian Folklore Studies*, vol. LIX, Nagoya, 2000.

Rimbaud (Arthur), *Illuminations* (1872-1875), « Poésies », Gallimard, 2001*.

Sakai (Anne), *La Parole comme art. Le rakugo japonais*, « Lettres asiatiques », L'Harmattan, 1992*.

Sei Shônagon, *Notes de chevet*, 『枕　草　子』 trad. A. Beaujard, « Connaissance de l'Orient », Gallimard-Unesco, 1966*.

Shively (Donald H.), « *Bakufu* versus *Kabuki* », in Leiter (S. L.) (dir.), *A Kabuki Reader. History and Performance*, M. E. Sharpe, Armonk (New York)-London, 2002, p. 33-59*.

Sieffert (René), Préface au *Dit de la Demoiselle Jôruri*, Publications orientalistes de France, Aurillac, 1994.

——, *Treize siècles de littérature japonaise*, vol. III, Publications orientalistes de France, Aurillac, 2001.

Sieffert (René) et Wasserman (Michel), *Théâtre classique du Japon*, Publications orientalistes de France, Aurillac, 1983*.

Suetsugu (Hiroshi), « À propos de l'orientation générale de l'éthique de Watsuji Tetsurô », in Bouderlique (Joël) et Kawanabe (Yasuki) (dir.), *Étapes normatives de la pensée japonaise moderne*, Surugadai Publishing Company, Tokyo, 2007.

Spinoza (Baruch), *L'Éthique* (1677), trad. R. Caillois, « Bibliothèque de la Pléiade », Gallimard, 1954*.

須永朝彦「ふたなりひらの系譜」(『両性具有』書物の王国 9、国書刊行会、東京、1998 年、p. 208-214.

Takeda II (Izumo), Miyoshi (Shoraku) et Namiki (Sosuke), *The Treasury of Loyal Retainers* 『仮名手本忠臣蔵』 (*Le Trésor des vassaux fidèles*, 1748), trad. D. Keene, Cambridge University Press, London, 1971.

Takemitsu (Toru), 『音、沈黙と測りあえるほどに』新潮社、東京、1971 年 , cité par Kimura (Bin), *L'Entre. Une approche phénoménologique de la schizophrénie* (1988), trad. C. Vincent, « Krisis », Éditions Jérôme Millon, Grenoble, 2000*.

Tamba (Akira), « La comparaison de la notion de temps dans la musique japonaise et dans la musique occidentale », in *Le Japon vu depuis la France. Les études japonaises en France* (Actes du colloque de 1979), Publications de la Maison franco-japonaise, Tokyo, 1981, p. 77-84.

——, *La Théorie et l'esthétique musicale japonaises, du VIIIe à la fin du XIXe siècle*, Publications orientalistes de France, Aurillac, 1988*.

——, *Musiques traditionnelles du Japon, des origines au XVIe siècle*, « Musiques du monde », Cité de la Musique/Actes Sud, Arles, 1995*.

——, *La Musique classique au Japon, du XVe siècle à nos jours*, Publications orientalistes de France,

Aurillac, 2001*.

Tanizaki (Jun.ichiro), *Le Goût des orties*『蓼喰う虫』(1928), trad. S. Regnault-Gatier et K. Anzai*; *Histoire secrète du sire de Musashi*,『武 州 公 秘 話』trad. M. Mécréant*, in *Œuvres*, vol. I, « Bibliothèque de la Pléiade », Gallimard, 1997.

——, *Éloge de l'ombre*『陰 翳 礼 賛』(1933), trad. R. Sieffert, Publications orientalists de France, Aurillac, 1977*.

——, « Recollections of the Bunraku Puppets », in Keene (D.) (dir.), *The Art of Japanese Puppet Theatre*, Kodansha International Publishers, Tokyo, 1965, p. 11-13*.

Tokumaru (Yoshihiko), *L'Aspect mélodique de la musique de syamisen*, Éditions Peeters, Louvain, 2000.

Torigoe (Bunzô), « Edo Jôruri », in Gerstle (Andrew) (dir.), *Eighteenth Century Japan*, Allen & Unwin, Sydney, 1989, p. 51-59*.

Tschudin (Jean-Jacques), « Notes sur l'œuvre théâtrale », in Tanizaki J., *Œuvres I*, « Bibliothèque de la Pléiade », Gallimard, 1997, p. 1903-1915*.

Valéry (Paul), *L'Idée fixe* (1932), *Œuvres*, vol. II, « Bibliothèque de la Pléiade », Gallimard, 1960*.

Wagner (Richard), *De la destination de l'opéra* (1871), trad. J.-G. Prod'homme, *Œuvres en prose*, vol. X, Librairie Charles Delagrave, 1922*.

Walter (Alain), *Érotique du Japon classique*, « Bibliothèque des idées », Gallimard, 1994.

Wasserman (Michel), « Théâtre et rideau de scène en France et au Japon », in *Diderot. Le XVIIIe siècle en Europe et au Japon*, Centre Kawai pour la culture et la pédagogie, Nagoya, 1988, p. 243-254.

Watanabe (Ryo), « Le Japon de Barthes ou les limites de l'Occident », in Ferrier (Michaël) (dir.), *La Tentation de la France, la tentation du Japon. Regards croisés*, Éditions Philippe Picquier, Arles, 2003, p. 93-101*.

著者略歴

(François Bizet)

1963年生まれ．パリ第三大学にて博士号取得（フランス文学）．現在，東京大学総合文化研究科・教養学部准教授（フランス文学）．著書『交換なき伝達——ジャン・ジュネの批評を行うジョルジュ・バタイユ』(*Une communication sans échange. Georges Bataille critique de Jean Genet*, Droz, 2007)．詩に関する様々な雑誌に寄稿しており，『ウガリトの建設』(*La Construction d'Ugarit*) や現在創作中の著作『珊瑚論』(*Traité du corail*) の抜粋を発表している．

訳者略歴

秋山伸子〈あきやま・のぶこ〉1966年生まれ．1994年，パリ第四大学にて博士号取得（フランス文学）．現在，青山学院大学文学部フランス文学科教授．著書『フランス演劇の誘惑——愛と死の戯れ』(岩波書店，2014年)．訳書『モリエール全集』(共同編集・翻訳，全10巻，臨川書店，2000-2003年) の翻訳により，第10回日仏翻訳文学賞受賞（2003年）．

フランソワ・ビゼ
文楽の日本
人形の身体と叫び
秋山伸子訳

2016年 1月29日 印刷
2016年 2月10日 発行

発行所 株式会社 みすず書房
〒113-0033 東京都文京区本郷5丁目32-21
電話 03-3814-0131(営業) 03-3815-9181(編集)
http://www.msz.co.jp

本文組版 キャップス
本文印刷所 三陽社
扉・表紙・カバー印刷所 リヒトプランニング
製本所 松岳社

ISBN 978-4-622-07965-1
[ぶんらくのにっぽん]